Für den Miezel, weil er uns so viel Freude macht und mich auf meinen Weg zur Tierhomöopathin geführt hat.

Und auch für den Ferkel, es hat sich viel zum Positiven verändert, seit ihr bei mir seid =)

Ich bin Purzel!

Mein Leben als Ataxie-Kater

von

Marina Trinkl & Purzel

Impressum

Bibliografische Information der Deutschen Nationalbibliothek: Die Deutsche Nationalbibliothek verzeichnet diese Publikation in der Deutschen Nationalbibliografie; detaillierte bibliografische Daten sind im Internet über http://dnb.dnb.de abrufbar.

Titelillustration, Umschlaggestaltung und Fotos Innenteil:
© Marina Trinkl

Graphik Katze für den Umschlag: © Dazdraperma
via canstockphoto.de (Datei 11372013)

© 2016 Marina Trinkl & Purzel

Herstellung und Verlag:
BoD – Books on Demand, Norderstedt

ISBN: 978-3-741-29090-9

 Sie finden Purzel auch im Internet unter:
miezel.de

Ich bin Purzel!
Mein Leben als Ataxie-Kater

Kapitel	Seite
Kapitel 1 – Die Ankunft	7
Kapitel 2 – In der Wohnung	20
Kapitel 3 – Der Umzug	33
Kapitel 4 – Mein Garten	41
Kapitel 5 – Frischfleisch!	53
Kapitel 6 – Alltag	64
Kapitel 7 – Pipi-Problem	67
Kapitel 8 – Zahnweh	70
Kapitel 9 – Arme und Füße zu mir!	75
Kapitel 10 – Purzel der Jäger	78
Kapitel 11 – Ich werde gepiekt!	83
Kapitel 12 – Intermedium vom Kobold	88
Kapitel 13 – Exkursion zum Pummel	90
Kapitel 14 – 2015 – Das Jahr der Taufe	99
Kapitel 15 – Des Miezels Käfer	103

Kapitel	Seite
Kapitel 16 – Der Miezel klackert	108
Kapitel 17 – Des Miezels-Dressuren	113
Kapitel 18 – Mein Schlafzimmer-Fenster	117
Kapitel 19 – Alter Falter!	120
Kapitel 20 – Fangen-Spielen	123
Kapitel 21 – Taubenkind	127
Kapitel 22 – Ich habe einen Freund und Taubenkind II	129
Kapitel 23 – Die Stachelkugel	137
Zusatz-Kapitel – Über die Ataxie	145
Schlusswort	167
Danksagung	168

Kapitel 1 – Die Ankunft

Wer war das denn? Die kamen an meinem Zimmer ja noch nie vorbei, daran würd ich mich erinnern. Zwei Frauen und zwei Mädchen. Eine der Frauen setzt sich vor meine Scheibe und schaut mich an. Da werd ich gleich mal zeigen, wie hübsch ich bin!

Erstmal gaaanz lang strecken, sie verschmitzt durch meine Scheibe anschauen und ein bisschen maunzen – das zieht immer. Heh! Da geht die einfach weiter! Sowas... Aber ich konnte noch verstehen, dass sie in Menschensprache sowas sagte wie „Ach, schau dir den an. Dem fehlt aber mehr, oder?! Hier steht aber nicht, dass er was Ansteckendes hätte…"

Hierzu muss ich dir wohl gleich erst mal erzählen, dass ich eine „Wackel-Katze" bin. Ich habe eine Ataxie, d.h. eine Koordinationsstörung. Ich finde zwar nicht, dass ich krank bin, aber die Menschen müssen ja alles immer definieren und betiteln und sowas. Bin ich also laut den Menschen eine Wackel-Katze mit einer Ataxie. So.

Wie sich das bei mir äußert fragst du dich?
Also ich wackle sehr mit meinem Hinterteil und bin allgemein viel tapsiger, als gesunde Katzen. Viele Menschen, die mich das erste Mal sehen, fragen, ob

ich betrunken bin. Ganz schön frech. Das bin ich natürlich nicht, aber scheinbar bewegen sich die Menschen auch so, wenn sie zu viel Alkohol erwischt haben. Die sind schon komisch manchmal – nehmen freiwillig Sachen, um genauso zu wackeln wie ich...

Auf jeden Fall ist eben meine Koordination gestört. Ich kann auch Entfernungen nicht richtig abschätzen. Wenn ich zum Beispiel auf die Couch hüpfen will, kommt es schon mal vor, dass nur meine Vorderpfoten auf ihr landen und alles andere davor wieder auf den Boden platscht.

Wenn ich mich erschrecke oder zu übermütig bin gehen mir auf glatten Böden auch schnell meine Beinchen durch.Das sieht dann so aus wie in einem Zeichentrick, wenn eine Figur ganz schnell läuft, ohne von der Stelle zu kommen. Oder mein kleiner Katzenpo bleibt am Türstock oder irgendwelchen Ecken hängen, wobei der Rest von mir einfach weiterläuft. Rennen funktioniert so natürlich nicht sehr schön. Auch das Bremsen, wenn ich mal auf Touren bin, ist etwas verzwickt. Am Besten haut das noch in meinem großen Bett oder im Garten hin, wo ich mich richtig in den Untergrund einkrallen kann. Außerdem wird oft gesagt, wenn ich auf unserem Laminat-Boden unterwegs bin, hört es sich an, als sei ein Elefant im Anmarsch. Also nichts mit lautloser Samtpfote, wenn der Miezel kommt.

Mein Vorderteil und mein Kopf wackeln Gott sei Dank so gut wie gar nicht. Ich kann also sehr schön ganz alleine Fressen und Trinken. Auch meine beiden Klos kann ich ganz alleine benutzen.

Hier gibt es leider auch ganz andere Fälle. Ich habe schon von Katzen gehört, die beim Fressen und sogar bei Ihrem Geschäft Hilfe brauchen. Und da möchte man ja eigentlich als letztes jemand dabei haben, oder? Da gibt es Leute, die für ihre Wackelkatzen sogar selbstgebaute Podeste aus Lego basteln. Damit sind die Futternäpfe höher und man muss sich nicht so weit runterbeugen beim Fressen. Oder es werden Hundekörbchen als Klo zur Verfügung gestellt, bei denen der Einstieg dann tiefer ausgeschnitten oder fast nicht vorhanden ist. Auch von Kätzchen, die jedes Mal gebadet werden müssen, wenn sie sich erleichtern, hab ich schon gehört. Die können sich nämlich teilweise noch gar nicht richtig hinstellen, geschweige denn auf drei Pfoten stehen, um alles zu verscharren. Dann fallen die Armen um und landen in ihrem Schmutz. Wie fies! Gott sei Dank geht es mir hier besser.

Obwohl ich auch lange gebraucht habe, bis ich auf drei Pfoten stehen konnte. Und wenn ich mich nicht konzentriere, falle sogar ich hier noch gelegentlich um. Aber auf meinem Klo ist mir das glücklicherweise noch nie passiert. Und ich schaff es mittlerweile echt lange, eine Pfote zu heben. Zum Zuschauen ist das vielleicht ein bisschen lustig, wenn ich beispielsweise eine meiner Pfoten im Stehen putzen will. Da kann man zusehen, wie ich mich ganz langsam, wie in Zeitlupe, immer weiter auf eine Seite biege. Bis ich es merke und mich zur anderen Seite lehne, um mein Gleichgewicht zu halten. Dann geht's aber auf dieser Seite von vorn los. Und so schwenk ich hin und her bis ich dann entweder fertig bin mit putzen oder ganz umfalle. Dann bleib ich aber immer liegen und tu so, als wollte ich das mit Absicht. Merkt auch meistens keiner. So putz ich mich geschickt einfach im Liegen weiter.

Bei fast allen Ataxie-Katzen wird das Wackeln aber mit dem Alter besser. Durch viel Bewegung, gezielte Koordinationsspiele und viel Liebe und Schmusen verbessert sich der Zustand oft erheblich. Die Muskulatur wirkt dem Wackeln nämlich sehr gut entgegen.

Ganz wichtig bei uns sind auch ausreichend visuelle Reize von außen, damit unser Gehirn auch stetig gefordert wird. Also öfter mal ganz neue Eindrücke, die noch nicht da waren, schaden nicht. Das kann auch helfen uns auf Dauer etwas zu festigen.

Da ich mich ständig im Gleichgewicht halten und stabilisieren muss, bin auch ich ein echtes Muskelpaket. Meine Tierärztin sagt immer, ich sei ein einziger

Muskel. Da ich so kräftig bin, kann ich auch unglaublich hoch springen. Jedoch hapert es hier auch wieder etwas mit der Landung, deshalb beschränke ich mich freiwillig darauf, nur auf die Couch und mein großes Bett zu springen. Fensterbänke sind mir hier zu unsicher und ich versuch es erst gar nicht.

Seit Kurzem komm ich auch alleine auf unsere Eckbank in der Küche. Hier mach ich Männchen, krall mich in die Polster ein und zieh mich hoch. Toll, nicht? Und da man an unseren Polstern hier nichts von meinen Krallen sieht, bin ich auch noch nie vom Kobold geschimpft worden. Der Kobold, das ist mein Frauchen - aber auch davon später mehr.

Wie bin ich jetzt hierauf gekommen? Ach so, ja! Ich bin ja immer noch gar nicht an der Stelle gewesen, wo ich nach Hause geholt wurde.

…lief die also tatsächlich weiter und wieder von meiner Scheibe weg. Dann dauerte es gefühlte Stunden - war scheinbar bloß eine halbe bis ganze Menschenstunde - bis sie wieder auftauchte und sich nochmal zu mir runterbeugte. Leider nicht sehr lange. Sie redete mit einer meiner Putz- und Fütterfrauen und ging dann ganz weg.

War ich also erst mal wieder alleine in meinem Hotelzimmer. Eingezogen bin ich da – hmm, das weiß ich gar nicht mehr. Aber ein paar Leute haben mich am Straßenrand gefunden, nicht sehr weit weg von meinem Hotel. Ich irrte etwas verloren in der Nähe von einem Waldstück umher und die haben ganz richtig gesehen, dass ich mich da gar nicht so wohl fühlte. Wurde ich also eingesammelt und in bereits erwähntes Hotel gebracht. Da gibt es noch viele andere Tiere. Schreckliches Hundegebell kann ich immer hören. Und bei uns im Katzenflügel gibt es noch ein Vogelzimmer und daneben einen Kleintierflügel.

Die Katzenzimmer sind natürlich die schönsten, wie es sich gehört. Sie haben freundliche Farben, und sogar einen Außenbereich. Der ist aber nicht für alle. Neuankömmlinge müssen sich den zum Beispiel erst verdienen, die dürfen nicht sofort zu den anderen raus. Dann hat jede Zimmertüre eine große Scheibe, durch die wir beobachten können, wer alles vorbeigeht und was draußen so los ist. Da läuft das Hotelpersonal ganz oft vorbei und kommt auch mehrmals in unsere Zimmer. Zum Saubermachen und natürlich – ganz wichtig - um uns regelmäßig das Essen zu bringen. Inklusive sind auch besondere Sachen, wie Joghurt oder Katzenmilch. Obwohl das alle immer meinen vertragen wir Katzen nämlich Milch eigentlich gar nicht. Daher ist es besser, wenn wir eben Katzenmilch oder noch besser Naturjoghurt oder Quark kriegen. Das ist für uns verträglicher und schmeckt uns für gewöhnlich auch sehr schön.

Manche Katzen ziehen mit ganz schrecklichen Frisuren hier ein. Die dürfen dann sogar zum Frisör gehen. Wahrscheinlich, damit sie nicht gleich ausgelacht werden, wenn sie zu den anderen ins Zimmer kommen. Meist sind das Katzen mit langen Haaren oder welche, die ein kleines Problem mit – ich nenne es mal „Fell-Mitbewohnern" haben. Hihi. Der Kobold hat mal erzählt, dass im Hotel lange nach mir eine weiße Katze mit ganz langen Haaren eingezogen ist. Und die musste dann auch zum Frisör. Der hat die dann ganz kahl geschoren. Nur am Kopf nicht und die Schwanzspitze auch nicht. Die sah dann aus wie ein Eichhörnchen. Das muss irre komisch gewesen sein, denn darüber hat der Kobold oft gelacht.

Die Einrichtung ist auch sehr angemessen. Neben gemütlichen Sesseln, Bänken, vielen Kissen und Decken bis hin zu Kratzbäumen und Höhlen zum Verstecken ist alles da. Und viel Spielzeug haben wir auch, damit uns in den Zimmern nicht so langweilig ist, bis das nächste Essen kommt. Einige Sterne, würde ich hier glaub ich schon vergeben.

Außerdem gab es hier eine ältere Frau, die mich öfter besuchen kam. Der tat ich scheinbar auch ganz furchtbar leid. So hat sie mit mir ein bisschen für meine Koordination geübt und sozusagen Physiotherapie mit mir gemacht. Die war sehr nett und wenn sie nicht schon so viele Katzen zu Hause hätte, hätte ich bei ihr einziehen dürfen. Fast alle Bilder, die im Hotel aufgehängt sind, hat diese Frau selber gemalt. Da sind schon sehr viele hübsche dabei muss ich sagen. Sie hat sogar ein eigenes Atelier.

Und weil sie sich so für Tiere einsetzt und sie so gern hat, hat sie sogar einige meiner Arzttermine für mich bezahlt. Das ist schon außergewöhnlich nett, muss ich sagen. Das würde nicht jeder tun, schon gleich gar nicht, wenn die Katze schon jemand anders abgeholt hat.

Die Frau, die vor meiner Zimmertüre war, hab ich dann erst wieder nach ein paar Tagen gesehen. Nun ist sie aber mit Verstärkung gekommen.Sie hatte nämlich jetzt den Ferkel mitgebracht. Mein zukünftiges Herrchen. Wahrscheinlich wird er „der" und nicht „das" Ferkel genannt, weil er ja ein Mann ist…? Und Ferkel, weil er – naja ein Mann ist, hihi. Aber zum Kobold sagen auch alle „der"… versteh einer diese Menschen.

Jedenfalls kamen die mich jetzt zu zweit in meinem Zimmer besuchen. Sie haben mich ein bisschen gestreichelt und mit mir gespielt. Da musste ich natürlich erst mal zeigen, was ich alles kann. Ich tobte umher, zeigte, wie gut ich fressen kann, zwickte sie ein bisschen in die Füße und schmeichelte ganz viel um sie herum. Alles so gut ich eben konnte. Ich finde, ich habe das überaus gut gemacht.

Scheinbar waren sie auch sehr beeindruckt von mir, denn kurz darauf wurde ich in einen kleinen Transportkäfig gepackt und aus meinem Zimmer getragen. Dann fuhren der Ferkel und der Kobold eine Runde mit mir in ihrem Auto spazieren. Das war gar nicht schlimm. Ich erzählte ihnen während der Fahrt noch, was ich die letzten Tage so alles erlebt habe. Denn das war schon alles sehr spannend. Der Kobold verstand mich scheinbar auf Anhieb und erwiderte mein Maunzen. Er lobte mich ganz viel und sagte mir, wie brav und tapfer ich doch sei. Das wusste ich zwar schon, aber ich hab das Lob trotzdem dankend angenommen.

Ein paar Guttis hab ich in meiner Box auch gekriegt. Aber die wollte ich grade nicht, dafür war doch alles zu neu und aufregend. Und neue Situationen mögen Ataxie-Katzen noch weniger als Katzen, die gesund sind.

Das Auto hielt endlich an. Mann, war ich aufgeregt. Ich redete in meiner Box noch weiter und sagte, dass ich jetzt doch langsam gern wieder raus wollte. Dann gingen wir durch zwei Türen, ich wurde auf den Boden gestellt und endlich wieder befreit. Hmm, gefährlich sah das alles ja nicht aus. Aber ich ging trotzdem lieber erst mal ganz vorsichtig vorwärts. Es sah aus, als würde ich auf Eierschalen gehen. Und du kannst dir vorstellen, was das bei einer Wackel-Katze heißt – hihi.

Jetzt musste natürlich alles erst ganz ausgiebig und haarklein erkundet werden. Jede Ecke, jede Ritze und alles was ich beschnüffeln konnte. Das dauerte schon mal einige Stunden. War ja schließlich alles neu. Die Wohnung, die Menschen und erst die Gerüche!

Neben dem Ferkel und dem Kobold war auch noch der Nachbar da. Der heißt eigentlich Martin, hab ich nach längerer Zeit erfahren. Meist wird er wirklich nur „Nachbar" genannt, weil er im selben Haus in der Wohnung nebenan wohnt. Der passt auch immer auf mich auf und kümmert sich um mich, wenn der Ferkel und der Kobold mal nicht da sind. Und ich glaube der mochte mich auch auf Anhieb. Obwohl er ein bisschen traurig aussah, als er mich das erste Mal gesehen hat. Traurig muss man aber wegen mir wirklich nicht sein. Ich glaube ich hab ihm am Anfang ein bisschen Leid getan, weil er noch nie eine Wackel-Katze gesehen hat. Aber mittlerweile weiß er, dass es mir sehr gut geht und ich keine Probleme in meinem Leben habe, die ich nicht bewältigen könnte. Das wär ja noch schöner.

Nachdem ich dann alles zum ersten Mal erkundet hatte, wurde ich sehr, sehr schläfrig. Ich hielt kurz an meinem Schüsselchen an um zu snacken und ließ mich dann in mein Bettchen fallen. Das gaben mir die lieben Putz- und Fütterfrauen noch aus meinem alten

Zimmer mit. Außerdem noch einen Plüsch-Teddy und ein bisschen Spielzeug, das ich gerne hatte. Das war schon sehr nett, muss ich sagen. Mein Bettchen hab ich nämlich bis heute. Auch wenn ich das schon etwas kaputt zerwerkt habe. Wie gesagt, ich bin ja kräftig.
Aber richtig fest schlief ich noch nicht. Bei jedem Geräusch hob ich den Kopf und machte ich die Augen auf, um sicher zu gehen, dass da nichts Schlimmes auf mich zukommt. Der Ferkel und der Kobold reden auch immer gern von meinen „Satelliten-Ohren", die sich ständig bewegen, wenn ich zwar schon meine Augen zu habe, aber immer noch wach bin. Bis ich dann wirklich einschlief das dauerte schon. Und etwas Abstand zu meinen Menschen gefiel mir auch erst mal besser. Die oben auf ihrer Couch und ich unten am Boden in meinem Bett.

Außerdem war ich es auch nicht mehr gewohnt immer beobachtet zu werden. Und das haben meine neuen Menschen ganz schön lange gemacht. Naja, war für die eben auch neu. Aber irgendwann schliefen wir doch alle ein.

Der erste Tag in meinem Zuhause mit dem Ferkel und dem Kobold. Das war der 22. Mai 2010.
Doch, ich glaube daran kann ich mich gewöhnen. Uuuaaahhh…

Aber bevor ich weiter erzähle, muss ich dir erst noch ein bisschen beschreiben, wie ich überhaupt aussehe. Damit du auch ein Bild von mir im Kopf hast.

Nun, ich habe ein helles, rotes Fell und bin ein bisschen gestreift. Mein Schwanz hathier die schönsten Streifen. Der Kobold sagt manchmal Sahne-Karamell-Miezel zu mir. Wahrscheinlich wegen meiner Farbe, aber ich glaube eher, weil ich so süß bin. Außerdem hab ich sehr hübsche Augen, eine ganz rosarote Nase und rosarote Pfoten. Um mein Mäulchen bin ich weiß und meine schönen, langen Schnurrhaare sind auch weiß.

Leider sehen meine Augen und mein Näschen manchmal schmutzig aus, weil mein Tränen-Nasen-Kanal ein bisschen verstopft ist. Das sieht gelegentlich so aus, als müsste ich weinen. Der Ferkel und der Kobold machen die mir regelmäßig sauber, was ich gar nicht so schön mag. Vor allem nicht, wenn mir da ständig in der Nase gepopelt wird. Das kitzelt so, dass ich mir gleich ganz oft mit der Pfote drüberwischen muss. Sowas.

Ob man da nichts machen kann fragst du? Doch könnte man. Aber das ist dann eine richtige, kleine Operation, in der dieser Kanal unter Narkose durchgestochen wird. Iiiihhhh…Und da Narkosen für Ataxisten nicht ungefährlich sind, wollen der Ferkel und der Kobold das nicht bei mir machen lassen. Da kann es nämlich sein, dass meine Bewegungsstörungen, wenn ich wieder aufwache, schlimmer sind als zuvor. Und das kann keiner im Voraus wissen. Also lieber nicht, wenn es nicht unbedingt sein muss. Ich teile diese Meinung jedenfalls.

Meine Nase ist auch ein bisschen zerdellt. Man könnte sagen, ich hätte fast sowas wie eine Boxer-Nase. Dass ich es mit den Entfernungen nicht so hab, hast du ja schon erfahren. Ganz oft wenn ich was beschnuppern will, meine ich, es wäre noch viel weiter weg, als es wirklich ist. Also schnupper ich noch nach vorn, obwohl der Gegenstand schon lange da ist. Und dann stoß ich oft wo dagegen. Aber daran hab ich mich auch schon gewöhnt, ich mach halt Vieles ein bisschen vorsichtiger, als andere Katzen.

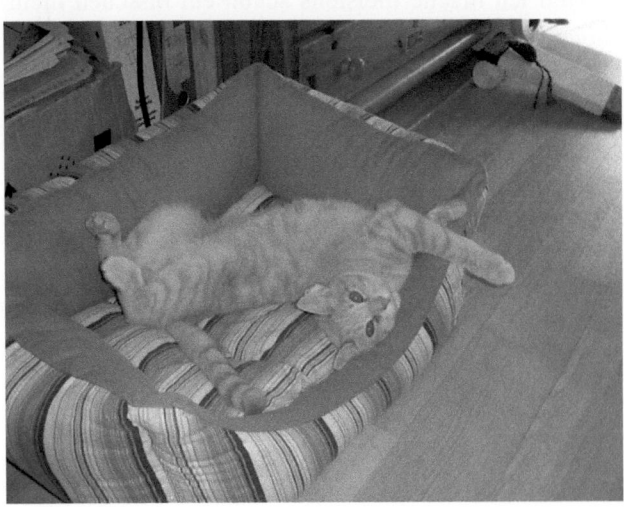

Kapitel 2 – In der Wohnung

Die nächsten Tage waren noch recht ungewohnt. Ich hab zwar viel gespielt und war schon neugierig, aber eine richtige Schmusekatze wollte ich noch nicht sein. Ich kannte ja alle noch nicht sehr gut, das muss man schon verstehen.

Sehr gelobt wurde ich auch, weil ich von Anfang an ganz brav und zuverlässig mein Klo benutzt habe. Nur die Klappe von der Haube musste vorerst für mich hochgeklemmt werden, das war dann vorerst doch zu schwierig für mich. Heute brauch ich dasaber auch nicht mehr, jetzt kann ich schon ganz alleine durch. Und ein Klo hab ich für die Bequemlichkeit ohne Häubchen.

Und ich mache meistens schon ein bisschen mehr Sauerei als gesunde Katzen. Das sagt zumindest der Kobold immer. Und der Nachbar meinte ganz oft beim Reingehen in die Wohnung: „Oh, hat der Miezel wieder gestreut, damit keiner im Gang ausrutscht?! War es wieder glatt hier?" (<u>Anmerkung:</u> da war schon wieder dieses „der", scheinbar gefallen die anderen Artikel bei uns keinem.) Was er damit genau meinte, verstehe ich bis heute nicht, aber da dann immer alle lachten oder zumindest grinsten, kann es nichts Schlimmes gewesen sein.

Ich gebe es zwar nicht gern zu, aber ein paar Mal ist es mir dann doch schon passiert, dass mal was daneben ging. Beim ersten Mal habe ich auch noch versucht es zu vergraben. Das versuchst du mal in einem Gang mit Linoleum-Boden. Also musste halt der Teppich herhalten, denn der war das Einzige, was sich da bewegen ließ. Und ich finde dafür, dass das so knifflig war und mir keine geeigneten Mittel zur Verfügung standen, hab ich es äußerst gut hingekriegt. Die Teppiche waren dann komischerweise verschwunden und kamen erst nach ein paar Tagen wieder zurück. Würd mich interessieren, wo die waren. Und warum? Wird wohl wieder so ein Menschen-Ding sein.

Einen ganz eigenen Balkon hatte ich auch. Der war toll. Wenn die Sonne schien, wurden die Fliesen da draußen immer ganz warm. Das war vielleicht gemütlich sag ich dir. Da hab ich gern geschlafen. Und man konnte ganz toll beobachten, was in der Umgebung so vor sich geht. Ganz oft kamen auch andere Katzen in mein Gartenstück. Wenn wieder einmal ein Kollege vorbeischlich, hab ich allen drinnen immer Bescheid gesagt - man weiß ja nie. Ich hab dann lautstark gemaunzt, damit es auch alle mitkriegen. Scheinbar interessierte es meine Menschlinge auch, denn die kamen dann auch raus zum Beobachten. Manchmal verstehen sie eben doch, was ich meine. Und bestimmt kann ich Ihnen noch helfen ihr Miezel-Vokabular zu erweitern.

Mit fremden Menschen hab ich bis heute so meine Probleme. In der Wohnung diente mir als Versteckbei Besuchen von Leuten, die ich nicht kannte, eine Couch, die auf etwas höheren Füßen stand. Unter der hab ich mich immer verkrochen und kam erst wieder hervor, wenn die endlich gegangen sind oder wenn ich fand, dass mir keine Gefahr droht.

Aber diese Angst ist bis heute auch schon besser geworden. Außer beim Onkel vom Kobold. Der hat irgendwas ganz Unheimliches an sich. Wenn uns der besuchen kommt, krieg ich fast schon panische Angst. Dann plustere ich jedes Härchen an mir auf, fauche ganz schlimm und flüchte sofort in den Keller. Und da komm ich solange nicht mehr rauf, bis der endlich wieder heimgefahren ist.Eigentlich schon komisch, denn der hat mir nie was getan. Der mag – bis auf seine Katzenhaarallergie – Katzen schon gerne und streichelt uns auch. Er hätte auch schon versucht mit mir zu reden und mich zu kraulen, aber das geht ja mal gar nicht. Der Kobold meint, vielleicht erinnert er mich an jemanden, der früher mal böse zu mir war oder mich gehauen hat. Wie gesagt, leider kann ich ihnen ja nichts erzählen von der Zeit, vor meinem Hotelbesuch.

Hui, und einmal bin ich ausgebüchst! Ja wirklich. Man glaubt das immer nicht, wenn ich es sage, denn der Balkon wurde ja eigentlich Miezel-sicher gemacht. Mit einem Meerschweinchen Zaun. EINEM MEERSCHWEINCHENZAUN! Ich bin doch eine gefährliche Raubkatze, und dann werd ich mit einem Nagerzaun eingesperrt. Mann, Mann… Naja, jedenfalls hab ich es irgendwie geschafft durch den Zaun zu kommen. Wir wohnten ja im Erdgeschoss, also keine

Angst, mir ist natürlich nichts passiert. Es ging ca. einen halben Meter runter in ein Gartenstück. In dem ich dann gelandet bin. - Ganz allein. - Wo es schon dunkel war. – Und keiner daneben, der mir beisteht.

Das schien mir eine viel bessere Idee zu sein, als ich noch oben auf meinem gewohnten Balkon stand. Ach ja und runtergesprungen bin ich bloß, weil ich ein kleine Wühlmaus unter dem Balkon gesehen habe, wer würde der nicht folgen?

Da spring ich also ganz aufgeregt und voller Tatendrang runter, folge meiner Maus und dann… ist alles auf einmal so groß und einsam und dunkel. Da hab ich erst gemerkt, dass das da unten doch gar nicht so schön ist wie ich dachte. Ich bin dann regelrecht erstarrt, hab mein Fell aufgestellt, weil ich mich so gegruselt habe und hab dann ganz fragend zum Ferkel auf den Balkon raufgeschaut. Mit meinem Blick fragte ich ihn: „Und was jetzt?! Hilf mir schon!" Der hat dann auch irgendwas zu mir gesagt, aber ich weiß nicht was. Darüber konnte ich auch beim besten Willen jetzt nicht nachdenken. Der Kobold kam dann Gott sei Dank bald um die Ecke zu mir in den Garten und hat mich aufgesammelt. Ich bin nicht weggelaufen, denn ich hab mich ja schon gefürchtet. Dann hat er mich ein bisschen beruhigt, geschmust und mich wieder in meine Wohnung getragen. Er meinte dann drin zum Ferkel ich hätte schon ein bisschen Herzklopfen gehabt. Das hatte ich auch, nicht nur ein bisschen. Uiuiuiui, das war vielleicht nervenaufreibend sag ich dir. Darauf musste ich erst mal ein Nickerchen machen.

Es hat ungefähr zwei oder drei Monate gedauert, bis ich auf die Couch zum Ferkel und zum Kobold gekommen bin. Die dachten immer ich schaff das gar nicht alleine, dabei wollte einfach noch nicht. Dann waren sie total begeistert, als sie mal heimkamen und ich sie seelenruhig von einer Decke auf der Couch ansah. Mit einem Blick der sagte: „Ja, bitte? Ist doch ganz normal."

Von da an bin ich immer öfter hoch. Meistens mehr geklettert als gesprungen. Aber das durfte ich auf der Couch. Die war auch komplett bezogen mit hübschen Decken, an denen konnte ich mich am Anfang super raufziehen. Nach und nach wurde ich mutiger und ich versuchte zu springen. Manchmal klappte das auch. Manchmal nicht. Ich verschätzte mich, wie ja schon erwähnt, oft was die Entfernung betrifft. Oder besser gesagt mein Körper macht einfach nicht das, was ich ihm vom Kopf aus anordne.

Ich sprang entweder zu weit, dann prallte ich gegen die Rückenlehne der Couch oder zu kurz und blieb nur mit den Vorderpfoten an einer der Decken hängen. Dann krallte ich mich einfach ein und zog langsam und mühselig meinen Po und den Rest von mir hinterher. Mittlerweile habe ich aber hier auch fast keine Probleme mehr. Manchmal überschätze ich heute sogar meine Kraft, die ich mir antrainiert habe und springe dann fast einen halben Meter höher als die Couch ist. Dann plumpse ich auf die Polster wie ein nasser Miezel-Sack.

Das Runterspringen ist da noch eher ein Problem. Naja, Problem ist vielleicht auch zu viel gesagt. Eigentlich platscht es nur ganz schön, wenn ich runterspringe, weil bei der Landung meine Hinterbeinchen oft wegrutschen. Aber ich schaffe es immer öfter elegant wie eine gesunde Katze.

Eins war aber an der Wohnung doof. Da stand im Wohnzimmer so eine Kommode, die hatte ca. 10 cm hohe Beine. Und da rollte ständig mein Spielzeug drunter. Dann konnte ich es mir nicht mehr selber hervorholen, dafür war sie doch zu niedrig.

Also musste ich immer warten, bis es mir von den Menschen wieder vorgeholt wurde. Das wurde mit Hilfe eines Meterstabes bewerkstelligt. Und da das bis heute so ist, heißt das Geklapper mit einem Meterstab für mich „Komm her, es gibt wieder Spielzeug."

Aber manchmal halten sich der Ferkel und der Kobold da nicht dran. Dann rutschen sie mit dem Spielzeug-Vorhol-Ding am Boden rum oder halten es an die Wände. Ich lasse sie das aber tun, die werden schon selber merken, dass sie dadurch kein Spielzeug kriegen.

Beim Tierarzt war ich in der Zeit auch noch oft. Denn dem Ferkel und dem Kobold wurde gesagt, es gibt da einen, der bei einer Ataxie vielleicht helfen kann. Also fuhren wir ein paar Mal extra einen ganz schön weiten Weg hin und her zu diesem Doktor.

Ich fand das aber gar nicht so schlimm, denn wir fuhren immer zu dritt und ich durfte auf der Rückbank mit einem Begleiter sitzen. Ich hab nur immer gemeckert, wenn ich in der Box eingesperrt war. Aber hinten mit jemand auf der Rückbank zu sitzen, der mich streichelt und mit mir redet, das fand ich eigentlich ganz schön. Ich hab aus dem Fenster gesehen, ein bisschen erzählt und mich sogar ein paar Minuten hingelegt.

Schlafen konnte ich aber leider nicht, denn es gab so viel zu sehen. Bei dem Doktor war es auch gar nicht schlimm. Ich hab zwar ein paar Spritzen gekriegt, aber da war ich immer ganz, ganz tapfer. Das haben auch die Damen bei dem Arzt gesagt. Alle haben angemerkt, was ich doch für ein süßer und hübscher kleiner Kerl bin. Ich bin eben ein Herzensbrecher, ich hab´s schon immer gewusst!

Ich finde, dass mir das, was ich da von dem Arzt immer bekommen habe auch geholfen hat. Und alle, die mich von Anfang an kennen meinen auch, dass ich heute sehr viel stabiler bin.

Irgendwann hab ich das große Bett für mich entdeckt. Und das fand ich von Anfang an unglaublich toll! Weil ich hier umfallen kann ohne mir weh zu tun. Und das nutz ich natürlich aus. Der Kobold muss zwar öfter neue Leintücher oder Spannbezüge kaufen, aber ich glaub, das macht ihm nichts aus. Denn wenn er sieht, was ich für einen Spaß habe, wenn ich im Bett rumtobe, kann er mich nicht mehr schimpfen. Da kann ich springen, rumkugeln und mich hinschmeißen so oft und so fest ich will. Obwohl, ich weiß nicht, ob es dem Ferkel nicht noch mehr Spaß macht. Meistens spielt nämlich der mit mir im Bett und wirft dann eine Plüschmaus oder einen Kuschelball für mich rum. Das musst du echt mal versuchen, das macht irre viel Spaß!

Aber schön ist es natürlich nicht nur in dem tollen, großen Bett zu spielen, sondern auch zu schlafen. Vor allem wenn dann der Ferkel und der Kobold auch endlich mal länger Ruhe geben. Da schlaf ich mittlerweile die ganze Nacht durch. Manchmal sogar länger als alle anderen – hihi. In manchen Nächten komm ich ins Bett und rühr mich dann bis zum Aufstehen keinen Zentimeter mehr. Sehr gemütlich ist es auch unter der Decke am Bauch vom Ferkel oder Kobold.

Zu meinem Lieblingsspielzeug zählen übrigens unter anderem auch die lustigen Jokies. Das sind kleine, bunte Leckerli-Kugeln, die man nicht nur futtern, sondern auch rumschießen und fangen kann. Auf die bin ich ganz wild. Es ist super-spaßig denen hinterher zu jagen. Da ich die Dinger damals in der Wohnung noch nicht zerbeißen konnte, beschränkte sich meine Tätigkeit hier auf das wegschießen und hinterher rennen. Meist leider auch auf das unter die Schränke verlieren. Zerkauen konnte ich sie erst später, als mein Futter umgestellt wurde – aber dazu komm ich noch.

Eines Tages hat der Kobold angefangen zu häkeln. Das heißt es war sehr viel Wolle da. Die war zwar verpackt in großen Tüten, aber immer, wenn der Kobold wieder was Neues gemacht hat, hat er die Tüte ausgeschüttet und dann lagen da viele, bunte Knäuel rum.

Das musste ich mir jetzt doch genauer ansehen. „Oh ja, eine Katze und Wollknäuel!" denkst du jetzt bestimmt. Naja, nicht ganz. Ich starrte also auf so ein komisches Knäuel. Ging dann ganz, ganz langsam darauf zu. Verlor es dabei keine Sekunde aus den Augen. Als ich dann direkt davor stand, streckte ich mein Pfötchen vorsichtig aus und patschte ganz schnell drauf. Immer wieder. Ganz oft. Und der Kobold fing an zu lachen, denn da es ja bei mir mit der Motorik nicht so hinhaut, hab ich es so gut wie nie getroffen. Ich sah ihn etwas vorwurfsvoll an, tadelte ihn mit meinem Blick „Sei nicht so albern." und patschte weiter auf das komische Ding.

Ich wollte es noch nicht direkt anfassen, denn irgendwie kam es mir ganz schön dubios vor. Und so ganz geheuer war mir die Sache bis zum Schluss nicht. Es fühlte sich schon komisch an und ich ging lieber wieder zu meinem richtigen Spielzeug. Das ist mir lieber. Wobei heute spiele ich tatsächlich schon ganz gern mit Wollknäueln, oder bessert gesagt mit gehäkelten Resten, die der Kobold nicht mehr brauch. Die bekomm ich dann zum Spielen.

Zwei Anmerkungen hierzu: Vielleicht weißt du das ja nicht, aber wenn Katzen etwas nicht kennen, machen sie das mit dem Anpatschen sehr oft. Sie gehen auf etwas Neues oder für sie Komisches zu und patschen erst mal mit der Pfote drauf. Erst wenn sie merken, dass keine Gefahr droht, wird es mit der Nase näher untersucht.

Richtige Wolle, von der Fäden abgehen können, solltest du deiner Katze lieber nicht zum Spielen geben. Wenn es ganz blöd läuft, verschlucken sie längere Stücke davon und diese können sich dann im Katzenbauch um den Darm wickeln und ihn so verschließen. Das kann sehr böse enden und im schlimmsten Fall zum Tod des Tieres führen. Und da es ja heute eine riesige Auswahl an katzengerechtem Spielzeug gibt, lässt sich durchaus für jeden etwas Besseres finden. Das Risiko ist es dann doch nicht wert, denkst du nicht?

Was ich auch unglaublich toll finde ist, dass wir oft im Team jagen. Ja wirklich! Scheinbar macht jagen nicht nur uns Katzen, sondern auch euch Menschen ziemlich viel Spaß. Wie du ja jetzt weißt, kann ich nicht alles so, wie eine normale Katze. So beschränken sich meine Jagderfolge meist auf Käfer, Fliegen, Schnaken und Motten. Und weil die ja fast alle fliegen können, sind sie leider selten bei mir unten am Boden.

Wenn ich dann ein potentielles Jagdopfer erspäht habe geb ich erst mal lautstark bescheid. Dann wird so lange gemaunzt, bis endlich jemand zu mir kommt. Und glaub mir, meine Geduld ist groß. Und da sie so groß ist, ist bis jetzt immer irgendwann wer gekommen. Dann muss man mich hochheben, damit ich die Insekten hoch oben an der Zimmerdecke erwischen kann. Das sieht dann immer folgendermaßen aus: ein Mensch läuft wild im Zimmer hin und her, hält mich ganz hochgestreckt in Richtung Fliege & Co. zur Decke oder zum Fenster und ich rudere ganz aufgeregt mit meinen Vorderpfoten und patsche danach. Und weil das so spannend ist, helfen auch unten alle mit. Diejenigen, auf denen ich gerade nicht sitze, feuern uns an und rufen, wo unser Gejagter gerade wieder hinentkommen ist.

Das ist ganz schön knifflig sag ich dir und funktioniert meist nicht auf Anhieb. Aber meine Menschen-Fahrzeuge geben sich Mühe. Ich bin noch am Ausprobieren, welcher hier am besten geeignet ist, denn die wechseln sich hier auch schön brav ab. Und jeder fährt sich ein bisschen anders.

Kapitel 3 – Der Umzug

Obwohl es in meiner Wohnung nicht schlecht war, ist sie kein Vergleich zu meinem tollen Haus, in dem ich jetzt wohne. Schon allein, weil ich jetzt um einiges mehr Platz und viel mehr Zimmer zum Spazierengehen habe. Aber am aller-aller-tollsten ist mein Garten. Ja, ich hab jetzt einen ganz eigenen Garten! Ist das nicht super?

Aber erst mal von Anfang an…

Umgezogen sind wir im November2011 – genauer gesagt tatsächlich am 11.11.11, hihi. Das heißt ich wohnte ca. zweieinhalb Jahre in meiner Wohnung. Der Umzug selbst war natürlich ganz schön aufregend für mich. Und anstrengend. Ich wusste eigentlich gar nicht so recht, was da los war. Auf einmal waren der Ferkel und der Kobold ziemlich oft weg. Das war nicht so schön aber naja. Und dann wurde meine Wohnung auf einmal in Kisten eingepackt. Man glaubt gar nicht, wie viele Menschen-Sachen in so eine kleine Wohnung passen. Der Kobold meinte, das kommt davon, wenn man als Kind so viel Tetris spielt. Dann findet man für jede noch so kleine Ritze was passendes, was man reinstopfen kann. Komische Spiele haben diese Menschen.

Und dann, als alles schon sehr leer war, wurde selbst ich noch in eine Kiste gepackt. Keine Angst, nicht in einen Umzugskarton, sondern in meine Transportkiste mit meinem Deckchen drin. Dann fuhr ich mit dem Kobold in einem vollgepackten Auto weg.

Wir stiegen dann an einem Ort aus, an dem ich noch nie gewesen bin. Mann, das war aufregend und so spannend! Wir gingen in das Haus, das da stand und ich wurde endlich wieder befreit. Schon wieder alles neu. Also erst mal erkunden. Angst hatte ich eigentlich nicht. Waren ja der Ferkel, der Kobold und der´ Nachbar da. Aber vorsichtig war ich trotzdem. Ich schlich erst mal von Zimmer zu Zimmer, sah mir alles ganz genau an und schnupperte in jedes Eckchen. Lieber sichergehen, dass ich nichts übersehe und hier auch alles ungefährlich ist.

Oh, da ist mein Bettchen! Und meine Schüsselchen. Und mein Klo. Schön, das wichtigste ist also da. Aber zum Schlafen bin ich noch zu aufgedreht.

Hui, und da ist eine Treppe! Sowas gab´s in meiner Wohnung nicht. Das heißt, einmal hat jemand die Haustüre in der Wohnung nicht richtig zugemacht und ich bin ins Treppenhaus entwischt. Und da bin ich dann bis in den Keller gestiefelt. Da hab ich scheinbar alle wieder ganz schön erschreckt.

Die sind dann gleich raus und haben nach mir gerufen. Natürlich hab ich geantwortet, wie es sich für brave Kätzchen gehört. Aber irgendwie war der Kobold, als er zu mir nach unten kam und mich auf den Arm nahm, trotzdem etwas aufgeregt. Bevor ich wieder in die Wohnung getragen wurde, meinten sie, sie hätten sehr gerne gesehen, wie ich da runtergekommen bin. Interessant war das schon da draußen.

Aber in meinem neuen Haus ist jetzt eine Treppe, da darf ich scheinbar ganz offiziell hin, denn der Ferkel und der Kobold stehen daneben und schauen mich an. Na dann, gar kein zweites Mal hinschauen und fragen, sondern gleich auf zu den Stufen. Bisschen schwierig war das schon beim ersten Mal. Uaaaahhh! Lieber doch ein bisschen langsamer. Wenn ich zu schnell bin, rutsch ich schon mal zwei Stufen auf einmal runter. Aber es sind nur ungefähr 5 Stufen, dann kommt eine Art Podest, da machte ich erst mal Pause. Oh, da geht's ja noch weiter runter? Nochmal ungefähr 5 Stufen, ganz in den Keller. Der war auch total spannend. Noch mehr Zimmer, wow! Die hab ich mir dann auch erst mal genauer angesehen. Dann wollte ich doch irgendwann zurück nach oben. Das heißt ich musste diese Treppe wieder rauf.

Aber ich finde, das hab ich sehr gut geschafft. Ich hab auch eine ganz bequeme Technik entwickelt um die Treppen leichter zu meistern. Ich lehne mich einfach beim Runter- oder Raufgehen mit meinem Po an der Wand an. Dann kann ich nämlich nicht umfallen. Ganz schön clever, was?

Aber so ganz trauen wir alle der Sache doch noch nicht. Denn die Türe oben wurde wieder zugemacht und war bloß offen, wenn jemand zu Hause war.
Aber für den ersten Tag war das jetzt auch wieder Aufregung genug. Jetzt muss ich mich erst mal ausruhen und mit der Gesamtsituation anfreunden. Was mir bestimmt nicht schwer fällt, denn hier ist es schon sehr schön. Und viel mehr Miezel-Platz für mich.

Im Wohnzimmer ist übrigens ein riesiges Fenster. Fast eine ganze Wand lang mit einer Terrasse davor. Da schau ich immer sehr gerne raus. Das ist sozusagen mein ganz eigener Fernseher. Denn da gehen oft Leute spazieren oder Vögel und Insekten fliegen herum, die man toll beobachten kann. Und das ein oder andere Mal hat mich da auch schon ein Katzenfreund besucht. Da maunz ich dann immer total viel, denn das ist immer was ganz besonderes und das sollen ja die unachtsamen Menschen auch mitkriegen.

Eine nette, ältere Nachbarsfrau geht auch ganz oft an meinem Fernseher vorbei. Ich glaube die mag mich. Die bleibt nämlich dann immer kurz stehen und redet mit mir. Ich hab mal gehört, wie sie das dem Kobold erzählt hat. Scheinbar hatte sie Angst, dass irgendwann die anderen Nachbarn meinen, sie wäre so neugierig und schaut bei uns immer zum Fenster rein. Aber sie unterhält sich bloß gern mit mir, wenn sie mich sieht, sagt sie. Da meinte der Kobold, das sei natürlich kein Problem und dass ich mich bestimmt freue, wenn sie das tut. Und das stimmt auch, die ist sehr nett und ich schau ihr immer gern zu, wenn sie vorbeigeht.

Einige Zeit ging es dann noch weiter mit dem Umbau. Im Gang war leider noch kein richtiger Boden verlegt und in der Küche war oft die Türe zu. Und immer wenn ich rein oder raus wollte, musste mir jemand aufmachen. Oft hat das ganz schön lange gedauert und ich musste ein bisschen schimpfen. Aber dann ging´s schon. Irgendwann meinten der Ferkel und der Kobold, es wäre angenehmer für mich, wenn ich selber durch die Türe käme. Sie benutzten zwar merkwürdigerweise, um das zu formulieren, die Worte „nervig" und „nicht mehr immer aufstehen", aber was auch immer sie sich sagen müssen, um mir mein Miezel-Leben leichter zu machen.

Also kam der Opa vom Kobold und hat die Türe in der Küche kaputtgeschnitten. Ob der das darf? Ich glaube, er war sich da selber nicht so sicher, denn nachdem er das Loch da rein gemacht hat, hat er versucht es mit Plastikteilen wieder zu zu machen. Und das gleiche hat er mit der Türe zum Keller gemacht.
Scheinbar hat er es schon gedurft. Denn der Kobold hat nicht geschimpft, als er heim kam, sondern sich eher gefreut. Naja, ob ich mich freuen würde, wenn jemand meine Holztüre kaputt macht und das Loch dann mit Plastik zustopft weiß ich jetzt nicht so recht.

Dann kamen Wochen, in denen mir doch tatsächlich meine Türen nicht mehr aufgemacht wurden. Na gut, in Menschen-Zeit waren es scheinbar nur zwei oder drei Tage, aber mir kam es länger vor. Saßen also alle in der Küche mit der Türe zu. Ich war draußen.
Wie immer setz ich mich also vor die Türe und rufe, damit mir aufgemacht wird. Aber anstatt mir aufzumachen, hockt sich der Kobold auf der anderen Seite der Türe vor das Plastikloch und fasst durch. Es ist also nicht mal richtig repariert, denn da ist jetzt so eine komische Klappe, die man in beide Richtungen schwingen kann.

Der Kobold ruft mich und will mich rein locken. Hmm, das muss ich mir dann vielleicht mal näher anschauen. Steck ich also mal mein Näschen durch. Nein, gefällt mir nicht schön. Also dreh ich lieber wieder um. Ich setz mich einen Meter weiter hinter und schau zur Glastüre rein. Der Kobold gibt aber noch nicht auf und ruft und lockt noch eine Zeit. Aber das hilft nichts, wenn eine Katze nicht mag, dann mag eine Katze nicht. Irgendwann wurde mir doch aufgemacht. Aber immer wieder hätten sie versucht, mich wieder durch das Loch zu locken.

Eines Tages musste ich wieder mal auf mein Klo. Seit in der Türe zum Keller auch so eine Klappe drin ist, steht mein Klo da unten auf dem Podest. Setz ich mich also da davor und rufe. Der Kobold kommt auf die Kellertüre zu und macht sie auch tatsächlich auf. Ha, wieder gewonnen. Ich mach also gemütlich mein Geschäft und was glaubst du was ist, als ich wieder in die Wohnung hoch wollte? Genau! Die Kellertüre ist zu! ZU! Wie gemein. Und wieder sitzt der Kobold auf der anderen Seite, wackelt mit der Türe, redet mit mir und will mich da durchlocken.

Aber nicht nur, dass er mir nicht aufmacht, jetzt haut er auch noch ab! Geht von der Klappe weg und lässt mich da im Keller stehen! Aber bis jetzt ist ja irgendwann doch noch jemand gekommen. Also Geduld zeigen und einfach weitermaunzen. Und weitermaunzen. Kommt denn jetzt tatsächlich keiner? Mann! Na gut, dann versuch ich´s halt mit eurem Plastikloch. Aber ich hoffe ihr wisst, dass ich damit nicht einverstanden bin!

Und tatsächlich, es hat zwar etwas gedauert, aber ich bin wirklich durchgekommen. Und eigentlich war es auch gar nicht so schlimm. Denn ich hab das dann ganz oft versucht. Und heute ist das schon überhaupt kein Problem mehr.

Und praktisch ist es schon, muss ich zugeben. Denn ich brauch gar keinen mehr, der mir die Küchen- und die Kellertüre aufmacht. Das kann der selbstständige Miezel jetzt ganz allein.

Kapitel 4 – Mein Garten

Und dann kam das allerbeste! Mein Garten.
Mein ganz eigener Miezel-Garten, ist das nicht großartig?! Das war vielleicht ein Gefühl sag ich dir. Ich durfte jetzt also ganz offiziell raus. Alle waren mit dabei, der Ferkel, der Kobold, der Nachbar und der Didi. Der Didi ist ein Freund vom Ferkel und vom Kobold und hat mit dem Nachbar auf mich aufgepasst, als die im Urlaub waren.

Die wollten natürlich auch nicht das erste Mal verpassen, wenn ich raus darf! Ganz nach draußen und auch noch mit Erlaubnis, wie toll!

Ganz vorsichtig tastete ich mich Meter für Meter vom Haus tief in den Garten hinein. Naja, er ist jetzt nicht so riesig. Man hat mich schon immer gut im Blick. Aber mir kam er vor, wie ein riesiger unbekannter Urwald, den der mutige Miezel erstmal von allen Lebewesen erforschen muss.

Also wie gesagt, ganz vorsichtig hab ich mir alles angesehen. Hab hier geschnuppert und da geschaut, stundenlang. Und es wurde mir nicht langweilig. So viele neue Gerüche und Eindrücke. Aber irgendwann wurde ich doch wieder mit ins Haus geholt. Da musste ich mich erstmal von meiner Expedition erholen und ein wenig ausruhen.

Für meine Ausflüge in den Garten hab ich auch ein ganz tolles Halsband bekommen. Eigentlich ist das ein richtiges Geschirr, wo man eine Leine mit dran machen kann. Aber die Leine brauch ich natürlich nicht. Das ist ganz bunt getupft und sieht wunderhübsch an mir aus. Und ein eigenes kleines Namensschild mit Adresse und Telefonnummer hängt auch an meinem Band. Falls ich doch mal ausbüchse heißt es.

Ein bisschen Miezel-sicher wurde draußen natürlich auch wieder alles gemacht. Da war er wieder, besagter Meerschweinchen-Zaun. Manche Sachen wird man eben nicht los…

Aber der Garten ist an uns für sich schon recht sicher. Er ist nur auf zwei Seiten offen und die gehen beide zu Nachbarn. Also Straßen sind keine neben uns.

Der Garten direkt gegenüber gehörte mal meinem Freund Chico. Das war mein erster Hundefreund. Er ist leider im September 2013 von uns gegangen. Und auch wenn ich es nicht gern zugebe, so als Katze, aber er fehlt mir. Also gehört der Garten jetzt seinem Frauchen und seinem Herrchen. So als Erbe wahrscheinlich.Am Anfang mochte ich ihn gar nicht. Da hab ich mich schon immer ganz schön erschreckt als der angerannt kam und mich anbellte. Aber als ich gemerkt habe, dass der gar nicht durch den Zaun kommt, war die Sache schon lustiger. Es entwickelte sich sozusagen eine kleine Hass-Liebe zwischen uns.

Die Nachbarin auf der anderen offenen Seite meinte mal: „Es ist so schön den beiden zuzusehen. Die sind wie Tom & Jerry!" Naja, einer dieser beiden, entweder Tom oder Jerry, ist scheinbar eine gutaussehende und gescheite Katze, wenn ich in dem Vergleich mit einbezogen bin. Hihi…

Jedenfalls hatte ich nun gemerkt, dass der Chico nicht zu mir rüberkommen kann. Also hab ich ihn öfter mal ein bisschen geärgert. Ich hab gewartet, bis er mich auch gesehen hat, bin wie der Teufel auf den Zaun zugerannt um ungefähr einen Meter vorher zu stoppen und ihn anzustarren. Dazu hab ich mich natürlich wieder so groß gemacht wie ich konnte und mein komplettes Fell aufgestellt.

Der Kobold ist immer wieder erstaunt, dass ich meinen Schwanz so aufplustern kann, als wär er von einem Eichhörnchen. Das hat den Chico bestimmt immer ganz schön beeindruckt. Der hat dann immer ganz viel geschimpft auf seiner Seite vom Zaun.

Manchmal machten wir auch ein Starr-Duell. Wir waren beide relativ nah am Zaun. Wir hielten uns ganz still. Und starrten uns ganz tief in die Augen. Wer zu erst blinzelt oder sich bewegt, hatte verloren. Manchmal wurde es mir aber doch etwas unheimlich und ich drehte mich ganz langsam, wie in Zeitlupe um, um dann ganz ganz schnell wegzulaufen. Meistens in mein Lieblingsgebüsch.

Oh mein Lieblingsgebüsch! Das ist auch sehr toll! Das ist ein Busch, der hat im Frühling immer ganz viele, hübsche, gelbe Blüten. Er ist kugelrund und ein Ast hängt so über dem Boden, dass es wie eine kleine Miezel-Hütte da drunter ist. Da hechte ich immer mit vollem Karacho rein. Das macht total Spaß. Außerdem federt der mich immer schön ab, sodass ich fast nicht bremsen muss, wenn ich reinspringe.

Ach ich liebe meinen Garten. Wenn ich mal nicht rausdarf, zum Beispiel wenn es viel regnet, dann muss ich immer ganz viel jammern. Und du kannst dir gar nicht vorstellen, wie schrecklich ich weinen kann, wenn mir was nicht passt.

Aber Gott sei Dank kann ich meistens schon jeden Tag raus. Mir reicht es auch schon einfach ein paar Runden zu drehen, den Vögeln und Insekten zuzusehen und mein Geschäft im Beet vom Kobold zu machen. Das ist nämlich draußen auch viel toller als drin auf meinem ollen Klo. Da kann ich nämlich wunderbar graben und scharren und Dreck machen, ohne dass mich einer schimpft! Einmal, als der Kobold Kartoffeln aus dem Beet ausgegraben hat, war die Erde unglaublich schön locker. Da hab ich dann für mein Geschäft ein so tiefes Loch gegraben, dass ich bis zu den Schultern drin stehen konnte. Das war vielleicht toll! Komischerweise durfte ich dann nicht gleich rein in die Wohnung gehen – keine Ahnung warum…

Obwohl, so gern ich Vögel eigentlich beobachte, mit den Kameraden hab ich's momentan nicht mehr so ganz. Die haben mich nämlich ganz schön traumatisiert letztens. Das muss ich dir erzählen. Also, wir haben eine Holzscheune im Garten, die hat der Opa vom Kobold gebaut. Und da hängt ein alter Stierschädel dran. Und auf dem Stierschädel, geschützt vor Wind und Wetter, haben sich Amseln ein Nest gebaut. Die sind nun schon das dritte Mal da drin zum Brüten.

Als die letzten kleinen Amseln flügge waren, wollten sie natürlich, wie es sich für kleine Vögel gehört, wegfliegen. Eine von ihnen hatte aber noch keine Schwanzfedern. Sie konnte so natürlich noch nicht richtig fliegen und ist auf dem Boden rumgehüpft. Das entging mir als aufmerksamem Jäger selbstverständlich nicht und ich wollte mir das mal näher ansehen. Am Anfang hat das auch gut funktioniert. Bis mich die Eltern entdeckten.

Die gingen dann urplötzlich auf mich los, das kannst du dir gar nicht vorstellen. Ein Geschrei haben die veranstaltet, sowas hat man noch nicht gehört. Selbst von drinnen haben es alle mitbekommen, weil die so einen Krach gemacht haben.

Die sind also wie von der Tarantel gestochen auf mich losgegangen. Haben mich gepickt und gejagt und dabei so schrecklich angeschrien, dass ich weggelaufen bin. Ich bin ganz schnell rein gerannt, die Treppe hochgestolpert und hab mich unterm Bett versteckt. Dann hab ich mich ganz lang nicht mehr raus getraut, so erschreckt haben die mich. Die nächste Zeit bin ich nur mit dem Kobold oder mit dem Ferkel rausgegangen, weil ich mich alleine gefürchtet hab. Und immer wenn über mir ein Vogel geflogen ist oder gezwitschert hat, hab ich mich sofort geduckt und nach oben gesehen, nicht dass die bösen Amseln wieder da sind.

Und, wie ich es vermutet habe, gab es eine Amsel, die nicht aufhörte mich zu jagen. Der Kobold kann es bezeugen. Ich bin einmal nichtsahnend um die Scheune geschlendert, plärrt die auf einmal wieder, kommt auf mich zu und hat mir richtig hinterhergejagt. Wo ich gar nichts getan habe. Der Kobold hat sie dann verjagt, dann ging´s wieder ein bisschen. Das hat die aber dann noch total oft gemacht. Und im Nachhinein haben wir gesehen, dass immer noch eine von den jungen Amseln am Boden war und noch nicht richtig fliegen konnte. Und die wollten die Amseln natürlich beschützen. Aber da kann ich doch nichts dafür, wenn die nicht fliegen kann, oder? Gemeines Vogelvolk.

Aber mittlerweile hab ich mich hier auch wieder ein bisschen beruhigt. Obwohl zum Schlafen oder Faulenzen jetzt doch Plätze bevorzuge, die mich von oben her ein bisschen schützen.

Und letztens hat mich doch tatsächlich eine Biene in meine Pfote gestochen. Und ich bin der nicht mal draufgetreten, sondern wollte sie nur ein bisschen in der Luft patschen. Und im Flug hat die mich gestochen. Das hat schon wehgetan. Ich hab dann gleich mein Pfötchen hochgehoben und sie ganz lange abgeleckt, was es gleich ein wenig besser gemacht hat.

Der Kobold meinte dann zu mir „Hat dich jetzt endlich eine gestochen, ja?" Der hat nämlich schon oft mit mir geschimpft, weil ich unentwegt nach den Bienen und Hummeln in unserem Garten schlage. Immer wieder hab ich versucht eine von ihnen zu erwischen, hab sie gejagt oder bin mit meiner Nase ganz nah hin, um sie zu untersuchen. Und das hat den Kobold immer nervös gemacht. Jetzt weiß ich auch warum. Hätte er bloß mal deutlicher sagen müssen, dass die einen stechen, wenn man sie ärgert.

Aber scheinbar tut so ein Bienenstich in einer Menschen-Pfote mehr weh. Der Kobold hat nämlich erst mich getröstet und ist dann selber in eine rein getreten. Obwohl, vielleicht macht das den Menschen auch Spaß, denn der Kobold hat, als er gestochen wurde, ein bisschen im Garten getanzt und ist dann auf einem Beinchen ins Haus gehüpft. Am nächsten Tag ist jedoch seine rechte Hinterpfote so dick gewesen wie drei Menschen-Pfoten und knallrot war die.

Vielleicht doch kein Spaß. Aber für mich war das gar nicht so schlecht. Er war dann nämlich die ganze Woche bei mir zu Hause und konnte sich schön um mich kümmern. Die vertragen schon nichts diese Menschen.

Von Chicos Frauchen bekomme ich seit einiger Zeit immer welche von meinen Lieblings-Guttis. Die hat nämlich den Kobold gefragt, was ich gerne mag bzw. was ich fressen darf. Und ganz richtig wurden ihr die Dreamies empfohlen. Mmmhh, die sind vielleicht lecker. Mittlerweile komme ich sogar schon in die Küche gelaufen, wenn auch bloß das Schrankfach, in dem die Guttis liegen, aufgemacht wird. Da muss noch nicht mal die Tüte rascheln, damit ich weiß, was jetzt kommt.

Und bei der Nachbarin ist das auch so. Ich hatte natürlich keine Probleme schnell zu lernen, dass ich eher was bekomme, wenn ich näher am Zaun bin. Also spähe ich jetzt schon immer ganz neugierig rüber, wenn ich sie drüben reden höre. Dann gehe ich ganz lässig immer weiter in ihre Richtung. Und falls mich nicht gleich jemand bemerkt, setze ich mich einfach vor den Zaun und warte. Irgendwann kommt schon jemand, das war bis jetzt immer so. Sie hat mir sogar einen eigenen Teller hingestellt. Das ist eine kleine Steinplatte. Sie meinte, dann find ich die Guttis besser und sie entwischen mir im Gras nicht so leicht. Als würden mir Dreamies entwischen.

Letztens hatte ich eine Augenentzündung. Ich bin ja allgemein ein kleines Sensibelchen und habe leider regelmäßig eine Schnupfnase und eine Zahnfleischentzündung. So ein bis zweimal im Jahr kommt das schon vor.

Durch den verstopfen Tränen-Nasen-Kanal sind meine Augen ja immer ein wenig gereizt. Die werden mir dann, wenn es mal wieder schlimmer ist, ein bisschen mit einer Augen-Nasen-Salbe eingecremt.

Aber letztens haben sie viel mehr geträbt als sonst. Und morgens, nach dem Schlafen, waren meine Augen auch ganz komisch grün umrandet und etwas verkrustet. Da hab ich dann Augentropfen bekommen. Jeden Tag zweimal - morgens und abends. Der Ferkel hat mich dann hochgenommen und im Nacken festgehalten. Dann hat mir der Kobold die Augen etwas saubergemacht und mir die Tropfen gegeben. Das war gar nicht so schlimm, ich hab nämlich immer, wenn wir fertig waren, wieder meine Dreamies bekommen.

Aber gewundert haben sich die beiden. Ich hab nämlich sofort angefangen zu schnurren, wenn sie mich so gehalten haben. Das hätten sie sich nicht gedacht beim Tropfen. Und ich hörte noch wie sie diskutierten, ob ich denn jetzt schnurrte, weil ich viel Aufmerksamkeit von beiden gleichzeitig bekomme, weil ich mich wieder fühle wie ein kleines Kätzchen bei der Mama wegen dem Nackengriff oder weil ich wusste, dass ich gleich wieder Guttis kriege. Hihi, das werde wohl bloß ich wissen.

Der Nackengriff funktioniert bei mir übrigens gar nicht recht. Der Kobold meinte, er kann das eigentlich schon gut und hat das früher bei seinen anderen Katzen immer hingekriegt. Aber bei mir haut das nicht hin. Auch der Ferkel muss immer ein bisschen hin- und herpacken, bevor ich mich einigermaßen stillhalte. Und dann auch nicht so, wie andere Katzen. Ich kann mich immer noch soweit bewegen, dass zum Beispiel keiner länger in mein Mäulchen schauen kann.

Wie ich dir ja schon erzählt habe, bin ich ein ganz schön muskulöses Kerlchen. Der Kobold und der Ferkel meinen, ich hätte einen richtigen Stiernacken. Da sind auch so viele Muskeln, dass man gar nicht richtig rein greifen kann. Naja, ich finde der Vergleich hinkt schon ein wenig.

Kapitel 5 –Frischfleisch!

Wichtig: Dieses Kapitel ist für Kinder an den meisten Stellen wahrscheinlich weniger geeignet. Vielleicht lesen es die Eltern zu erst selber durch und entscheiden dann, wie viel oder ob ihr das Kapitel zusammen lesen wollt. Es werden einige unschöne Punkte aufgeführt und das Thema ist im Großen und Ganzen schon etwas anspruchsvoll.

Bitte auch beachten: Bei den genannten Angaben handelt es sich <u>nicht</u> um einen vollständigen und ausgewogenen Barf-Ernährungsplan. Dieses Kapitel soll lediglich einen Anstoß zum Thema Barf geben und ersetzt nicht den individuell erstellten Plan für Ihre Katze!

Da sich der Kobold anfangs recht viel mit meiner Krankheit beschäftigt hat, kam er irgendwann auch auf das Thema Futter. Hier gibt es auch den schönen Spruch „Die Gesundheit steht und fällt mit der Ernährung", das passt bei uns Tieren genauso, wie bei euch Menschen.

Jedenfalls hat er gelesen, dass sich die Symptome bei einigen allein durch die Umstellung des Futters merklich verbesserten. Sogar von Katzen mit Epilepsie hat er gehört, die im besten Fall keine Anfälle mehr hatten oder Diabetiker, die keine Medikamente mehr benötigten. Also wurde mein Futter auch umgestellt. Und zwar auf rohes Fleisch.

Das war am Anfang schon etwas gewöhnungsbedürftig. Vor allem, weil ich ja nur Trockenfutter gefressen habe. Nassfutter mochte ich gar keins. Der Kobold dachte immer, ich mochte es deswegen nicht, weil ich mit dem Mäulchen und den Schnurrhaaren immer ein bisschen ins Futter tauche – wir erinnern uns an meine Probleme mit der Entfernung. Und dann werde ich schmutzig und das mag ich nicht. Daher hatte er schon Bedenken, ob ich dann die neue Fleischsuppe anrühre. Aber das sollte sich noch als unnötig erweisen.

Neben dem Aspekt mit der Ataxie hat der Kobold dann natürlich auch viel über das heutige, industriell hergestellte Futter gelesen. Und das hat ihm gar nicht gefallen. Ich kenn mich da ja nicht so aus, ich weiß nur, dass mir das meiste davon eh nicht schmeckt. Aber scheinbar ist nicht wirklich das drin, was drauf steht. Und zwar in keinem von den bekannten, großen Marken. Ganz im Gegenteil. Und weil nichts Gesundes mehr drin ist, nachdem es kaputtgekocht wurde, werden einfach im Nachhinein künstliche Zusätze rein gemischt. Und das ist meist sogar mehr schädlich, als gesund. Von Farb- und Aromastoffen ganz zu schweigen. Die kommen dann ordentlich dazu, damit auch die beste Katzen- oder Hundenase nicht mehr merkt, was für ein Müll dann letztendlich eigentlich im Napf ist. Und dass diese Zusatzstoffe nicht nur ungesund sind, sondern sogar richtig giftig sein können, ist ja auch aus eurem Menschenessen mittlerweile bekannt genug.

Trockenfutter ist ja bei Katzen auch nicht ganz ohne. Da wir ursprünglich Wüstentiere waren, trinken wir generell nicht viel. Die meiste Flüssigkeit, die wir benötigen, nehmen wir über unser Futter auf. Das heißt im Trockenfutter geht der Flüssigkeitsanteil ja gleich mal gegen Null. Daher sind Katzen, die ausschließlich Trockenfutter fressen, sehr gefährdet irgendwann Probleme mit den Nieren oder der Blase zu bekommen. Das war ein weiterer wichtiger Grund für den Kobold, mir mein eigenes Futter zu machen. Außerdem wird das Trockenfutter, um die Stückchen in die bekannte Form pressen zu können, so stark erhitzt und bearbeitet, dass zum Schluss kaum mehr Nährstoffe übrig bleiben.

Ein weiterer, sehr unschöner Grund ist der Umgang mit uns. Ja mit uns Katzen, Hunden und anderen Kollegen. Denn da gibt es große Konzerne, denen liegt nicht am Herzen, dass wir was Leckeres zum

Essen haben, was uns schmeckt und worüber wir uns freuen. Oh nein, das ist sehr weit gefehlt. Die füttern einige von uns mit Absicht krank, nur um zu sehen, was dann passiert. Um weitere Daten für ihre Statistiken zu erhalten. Das geht sogar so weit, dass sie die Tiere mehrmals aufschneiden, um auch im Inneren die Schäden zu begutachten, die sie ihnen zugefügt haben. Die Armen werden ihr armseliges, schmerzliches Leben ganz allein und isoliert in gefliesten Zellen gehalten. Sie dürfen nie erleben, wie es ist, ein gemütliches Zuhause und einen eigenen Menschen zu haben, der sie wirklich lieb hat und sich freut, dass sie bei ihm sind.

Das war dem Kobold nun wirklich zu viel. Er dachte, soviel kann er gar nicht falsch machen, dass es nicht besser ist als das.

Wie das nun alles angefangen hat und was ich jetzt eigentlich fresse willst du wissen? Nun, das erzähle ich dir jetzt natürlich noch genauer. Denn das ist schon eine spannende Sache.

Erst hat sich der Kobold viel in das Thema eingelesen und informiert. Dann stellte sich jedoch irgendwann, wie bei so vielem im Internet, heraus, dass es einfach viel zu viele und oft leider auch falsche Informationen gibt. Auf der einen Seite schreibt der das, auf der anderen das. Hier streiten sich welche über dies, dort widersprechen andere gegen jenes. Und irgendwann zerplatzt dir fast der Kopf und du hast das Gefühl nun noch weniger zu wissen als davor. Also einfach ran an den Speck – im wahrsten Sinne des Wortes – und angefangen. Kann ja nicht so schlimm sein.

Also wurden erst mal zwei - drei vielversprechende Rezepte rausgesucht und Fleisch beim Metzger bestellt. Denn das abgepackte Plastikfleisch aus dem Supermarkt wollte der Kobold lieber nicht haben, nachdem er auch über die Fleischherkunft einiges gelernt hatte. Wobei es selbst bei kleinen Metzgereien nicht sicher ist, woher das Fleisch kommt. Zum einen werden die meist vom gleichen Konzern beliefert, der als Tochterfirma den Industriemüll für Tierfutter produziert, zum anderen bekommt man meist nicht mal eine zufriedenstellende Auskunft, wenn man danach fragt. Die wissen wahrscheinlich schon warum sie nicht zu viel preisgeben.

Auf jeden Fall haben wir bei der Metzgerei unseres Vertrauens Fleisch bestellt. Ich glaube das erste Mal waren es um die 20 kg. Die sollten dann für ein halbes Jahr reichen. Mittlerweile ist es weniger, denn das war schon viel Arbeit. Vor allem haben der Ferkel und der

Kobold am Anfang den Fehler gemacht, das Fleisch nicht schon geschnitten zu bestellen. Das heißt die aller meiste Arbeit beim ersten Zubereiten war? Richtig! Fleisch klein schneiden. Und klein schneiden. Und klein schneiden. Mann, das hat vielleicht lange gedauert. Das hörte gar nicht mehr auf. Der Kobold dachte immer wenn er ein Stück fertig zerkleinert hat, wären zwei neue Stücke dazugekommen. Hihi. Wenn ich das richtig in Erinnerung habe, saßen die zu dritt schon fast 4 Menschenstunden da dran. Dann meinte der Kobold, dass sie das nie wieder machen. Zukünftig wird alles schon klein geschnitten bestellt und wenn sie das Doppelte dafür bezahlen müssen.

Spannend war es auch, die ganzen Fleischteile erst mal zu sortieren. Denn für eine Katzenmahlzeit reicht es nicht, einfach nur ein bisschen Fleisch zu kaufen. Ein paar Dinge muss man schon beachten, damit die Mahlzeiten ausgewogen sind. Da müssen zum Beispiel verschiedene Innereien dazu, für den Vitaminhaushalt. Also erst mal alles inspizieren und dann rausfinden, worum es sich bei den einzelnen Teilen eigentlich handelt.

Hast du schon mal einen Putenmagen gesehen? Nein? Ja, so ging es uns auch. Der Kobold hat sich früher einen Magen immer wie einen Luftballon vorgestellt. In dem die Magensäure drin ist und wo das ganze Essen von oben rein plumpst. Aber in Wirklichkeit sieht der ganz anders aus. Putenmägen ähneln von der Form her sogar fast Schmetterlingen. Und sie sind ganz, ganz fest. Die waren schon fast am anstrengendsten zu schneiden, wurde mir gesagt.

So, als dann nach Stunden und Stunden endlich alles kleingeschnibbelt war, ging es ans Schüsselchen füllen. Der Kobold hat hier im Internet kleine Plastikdosen bestellt, die man sowohl in die Spülmaschine, als auch in die Tiefkühltruhe packen kann. Darin wurde jetzt das Fleisch mit den Innereien gleichmäßig aufgeteilt.

Weil aber selbst in der Fleisch-Innereien-Mischung immer noch nicht alles drin ist, was Katze braucht, müssen noch Supplemente dazu. Supplemente nennt man Ergänzungsstoffe, die über die Nahrung aufgenommen werden. Das sind bei meinen Rezepten zum Beispiel für das Calcium Hühnerhälse und -karkassen oder alternativ Fleischknochenmehl, als zusätzliche Taurinquelle noch etwas Grünlippmuschelpulver und als Ballaststoff noch etwas frisch geraspeltes Gemüse (hier am liebsten Karotte). Taurin ist eine Aminosäure und für Katzen im Futter besonders wichtig, da sie es nicht selbst produzieren können. Vorher hat der Kobold hier Taurinpulver genommen. Aber das wollte er nicht mehr, da es ja auch künstlich hergestellt und sogar als Gefahrenstoff Klasse 8 - ätzend - deklariert ist. Und ich soll ja schließlich gesund und natürlich ernährt werden. Außerdem kommen noch ab und zu im Wechsel u.a. folgende Sachen über meine Menüs: gepuffter Amaranth, Algenpulver, Chlorella, Gemüseflocken, Weizengraspulver, Dinkelflocken, geschrotete Leinsamen, Bierhefeflocken und ab und zu ein bisschen Dorschlebertran oder anderes Fischöl. Pflanzliches Öl bringt uns Katzen nichts, da wir das – wie alles andere Pflanzliche – ganz schlecht verwerten können. Aufgefüllt wird alles mit reichlich Wasser. Das schlabber ich ebenfalls gerne weg, denn das schmeckt auch immer nach Fleisch.

Mittlerweile wird immer soviel bestellt, dass es für zwei bis drei Monate reicht. Die Portionen werden dann eingefroren und jeden Abend wird für den nächsten Tag ein Schälchen im Kühlschrank für mich aufgetaut. Das funktioniert sehr gut und schmeckt super!

Ich muss zwar zugeben, ich ließ mich am Anfang noch recht bitten und die ersten paar Tage meinte der Kobold, er kriegt mich gar nicht dazu, das neue Essen zu mögen. Aber mit viel Geduld und ganz langsamem Umstellen ging das schon. Die meisten Katzen sind nämlich neophob, das heißt, sie mögen nichts, was sie nicht kennen. Nach dem Motto „Was der Bauer nicht kennt, frisst er nicht". Das kann dann von Samtpfote zu Samtpfote schon mal bis zu ein paar Monaten dauern, dass sie ein neues Futter ohne Probleme fressen. Bei mir glaub ich waren es so ca. zwei Monate. Und jetzt schmeckt mir mein Fleisch ganz hervorragend. Außerdem haben der Ferkel und der Kobold jetzt auch besser im Blick, wie viel ich eigentlich fresse. Und können dann auch gleich sehen, ob was nicht stimmt.

Ich bekomme meist soviel, wie ich fressen will. Da es sich hier hauptsächlich um rohes Fleisch handelt, welches sehr schnell und vor allem fast vollständig verwertet werden kann, ohne Zusätze von Zucker und ähnlichem, passiert es eigentlich nicht, dass man davon übergewichtig wird. Außerdem stellt sich ohne die ganzen Geschmacksverstärker und künstlichen Aromen auch bei uns wieder ein natürliches Sättigungsgefühl ein. Das ist wie bei euch. Wenn ihr was Gesundes esst, esst ihr doch auch weniger, als in einem Fast Food-Laden. In so einem schlingt man meist innerhalb kurzer Zeit so viel runter, wie reinpasst. Dass das nicht gesund ist, wissen wir ja eigentlich alle. Bei etwas zu moppeligen Kollegen sollte die Menge natürlich reduziert und beobachtet werden.

Seit mein Futter umgestellt wurde ist auch mein Fell noch schöner geworden. Viel seidiger und weicher. Und nicht, dass ich dick war, aber ich hab schon etwas Miezel-Speck verloren. Jetzt bin ich noch muskulöser als vorher schon. Außerdem macht das Fressen viel mehr Spaß. Meistens ziehe ich mir das Stückchen, das ich als nächstes Fressen will, von meinem Schüsselchen raus und futter es davor. Das heißt ich fresse jetzt in einem Radius von ungefähr einem halben Quadratmeter. Das ist irre komisch. Findet der Kobold scheinbar auch, denn seitdem kommt er viel öfter zu meiner Schüssel um auch zu spielen. Ich verstehe zwar die Regeln nicht ganz, aber es hat irgendwas mit Lappen zu tun, mit denen wischt er dann immer an meinem Futterplatz rum.

Außerdem bekomme ich auch regelmäßig alle paar Tage eine Maus oder ein Küken. Ganz echte, zum Fressen. Die sind scheinbar auch bei meinen Futterportionen in der Tiefkühltruhe. Da freu ich mich immer so sehr, wenn ich eins davon bekomme, dass ich erst mal ganz viel schmusen und schnurren muss. Oft schnurr ich sogar noch beim Fressen, weil das so toll ist. Aber bevor das so weit ist, muss ich natürlich ausgiebig damit spielen. Ist ja normal für eine Katze, auch wenn euch Menschen das manchmal grausam vorkommt. Aber eigentlich sind wir alle in unserem Inneren eben nicht die Schmusekatzen, die ihr euch vorstellt, sondern echte Jäger und Raubtiere und eben

Beutefresser. Mit genau diesen Bedürfnissen. Also darf ich eben erst damit spielen. Der Ferkel oder der Kobold werfen mir dann meine Beute immer ein bisschen hin und her, damit ich sie fangen kann. Das mach ich auch ganz toll! Auch wenn ich sie nicht immer gleich auf Anhieb gezielt erwische. Und schmecken tun die, das musst du unbedingt mal probieren!

Wenn mir eine Maus oder ein Küken raufgeholt wird, krieg ich sie aber noch nicht gleich. Dann muss ich erst immer ein paar Stunden warten. Aber ich riech sie schon dauernd oben auf dem Tisch, wo sie hingelegt wird und weiche nicht mehr von ihrer Seite. Schmachtend und hinaufstarrend warte ich dann mit einer Engelsgeduld daneben, bis ich sie endlich bekomme.

Kapitel 6 – Alltag

Ja so nach und nach stellt sich ja bei jedem irgendwann der Alltag ein. So natürlich auch bei mir.

Ein typischer Miezeltag beginnt unter der Woche ca. um viertel nach fünf morgens. Da steht der Kobold auf. Je nachdem wie ich Lust habe, steh ich vor ihm oder mit ihm auf. Oder ich warte gleich noch ein bisschen, bis er im Bad fertig ist. Dann kommt er meistens den Ferkel schmusen. Der schaut dann ein bisschen so aus als würde er außer „Häh?!" noch gar nichts verstehen und dreht sich dann immer nochmal ganz faul um. Dann geht der Kobold im Wohnzimmer die Jalousien hochmachen und kommt in die Küche. Da geh ich meistens auch noch mit und schau ihm dabei zu, wie er mein Schüsselchen mit frischem Futter füllt.

Oft schnüffel ich ein wenig hin, um zu prüfen, ob er es schon richtig gemacht hat. Aber meistens passt es schon. Dann gehen wir gemeinsam ins Schlafzimmer, um den Ferkel endgültig aus dem Bett zu schmeißen. Denn das muss jetzt gemacht werden. Das funktioniert aber auch immer recht gut. Wenn der Kobold die Betten dann fertig gemacht hat, warte ich schon ganz brav unter dem Fenster. Ab und zu sag ich ihm, er soll sich beeilen, wenn es mir wieder zu lange dauert. Dann werd ich endlich hochgehoben und darf aus dem offenen Fenster schauen. Und das ist total spannend, weil ich normalerweise ja nur auf der anderen Seite draußen bin, da wo mein Garten ist. Danach geht der Kobold für einige Stunden weg. Und kurz nach ihm der Ferkel auch. Und was ich dann so anstelle ist mein Geheimnis.

Wenn dann der Ferkel und der Kobold nach Hause kommen, begrüße ich sie schon drinnen in der Wohnung und maunze laut durch die Tür „Seid ihr endlich wieder da? Das freut mich aber! Schnell kommen und mich schmusen!" Dann werd ich immer erst eine Zeit auf den Arm genommen, gestreichelt und darf kuscheln. Ich erzähle dann auch, was ich den ganzen Tag so getrieben hab. Danach darf ich in meinen Garten. Die Tür ist dabei praktischerweise offen, sodass ich ein und aus kann, wie ich will.

Gespielt wird auch immer brav mit mir. Meist in der Zeit, nach meinem Ausflug in den Garten und vor dem Faulenzen auf der Couch. Denn da liegen wir dann alle gemütlich zusammen, bevor wir ins Bett gehen. Das ist äußerst kuschlig. Vor dem Schlafengehen darf ich nochmal aus dem Fenster schauen. Da haben wir schon ganz oft Katzenkollegen und ein paar Igel gesehen. Und morgens war sogar mal ein Marder vor dem Fenster und ist da spazieren gegangen. Ich sag ja das ist spannend!

Am Wochenende schlafen wir für gewöhnlich länger. Und danach hab ich auch Gesellschaft, denn der Ferkel und der Kobold bleiben meistens auch zu Hause bei mir. Ich darf dann auch immer gleich nach dem Aufstehen in den Garten raus. Wenn ich Glück habe sogar den ganzen Tag. Wobei, wenn das Wetter recht schlecht und gräuslig nass ist, komm ich ganz freiwillig bald schon wieder rein. Dann kuschel ich mich viel lieber drinnen zu den anderen. Die mögen dieses nasskalte Wetter glaub ich auch nicht so gerne. Die liegen dann auch viel lieber mit mir auf der Couch und machen es sich gemütlich.

Kapitel 7 – Pipi-Problem

Das ist ja leider bei vielen Katzen ein kleines Problem: Unsauberkeit. Oft ist es aber auch das einzige Mittel, mit dem wir euch sagen können, dass es uns wegen irgendetwas nicht gut geht oder uns was nicht gefällt. Bei mir war es so, dass ich eines Tages immer im Keller, gleich beim Ende der Treppe auf die Fliesen gepieselt habe. Zu erst dachten der Ferkel und der Kobold, es wäre eine Trotzreaktion, weil das zu der Zeit war, als sie letztes Jahr in den Urlaub gefahren sind. Aber als sie wieder da waren, hat es nicht aufgehört. Der Kobold hat dann ein neues Klo für mich gekauft und gleich ein zweites dazu. Das hätte ich schon viel länger haben sollen, meinte er. Denn scheinbar möchten manche Katzen auch ihr kleines und ihr großes Geschäft voneinander trennen. Die Neuen waren sogar etwas größer, als mein Altes. Aber nach ein paar Tagen hatte ich wieder daneben gemacht. Wieder an die gleiche Stelle.

Man kann nicht sagen, der Kobold hätte sich keine Mühe gegeben, mich zu überreden es sein zu lassen. Er hat zum Beispiel besagte Stelle mit einem speziellen Enzymreiniger sauber gemacht, der angeblich sämtliche Gerüche von Katzenurin entfernt. Manche

Katzen pinkeln nämlich genau deshalb oft wieder an die gleiche Stelle, weil sie riechen, dass da mal was war. Oder weil sie den Ammoniak von anderen Reinigern riechen, was sie dann mit ihrem eigenen Geruch übertünchen wollen. Also machen sie gleich nochmal drüber, damit's wieder schön nach einem selber riecht.

Nachdem alles sauber gemacht wurde, hat er mich sogar an der Stelle mehrmals gefüttert und Dreamies hingelegt. Denn normalerweise verunreinigen Katzen ja nicht ihren Futterplatz. Aber selbst das hat nur einige Tage gehalten.

Sogar ein Kratzbrett wurde daneben aufgehängt. Manchmal pinkeln nämlich Katzen, um zu markieren, dass das hier ihr Eigentum ist und ihr Revier abzustecken. Und es ist möglich sie vom Markieren mit Urin auf das Markieren mit den Krallen umzulenken. Wir haben nämlich in den Krallen, bzw. an den Pfoten auch spezielle Duftdrüsen. Und das Kratzen an Gegenständen dient nicht nur dem Krallenwetzen, sondern auch der Kommunikation mit Artgenossen. Wie eben auch das Pieseln oder hinterlassene Geschäftchen. Wir Fellnasen können da ungeheuer viel von unseren Kollegen rausriechen, wie zum Beispiel, wann genau sie hier waren, ob es Männchen oder Weibchen sind, ob sie gerade ein Kind haben wollen und noch viel mehr. Interessant, was?!

Jedenfalls hat das mit dem Kratzbrett auch das nichts geholfen. Also wurde es dem Ferkel zu bunt und er meinte, dass er jetzt einfach mal mein zweites Klo unten genau auf den Platz stellt, wo ich immer hinmache. Das hat er dann auch getan. Und seit dem ist Ruhe. Ich mache jetzt nicht mehr daneben. Manchmal ist die einfachste und schnellste Lösung halt auch die Effektivste.

Der Kobold hat zweimal versucht das Klo ganz langsam wieder in seine alte Position zu rücken. Nur wenige Zentimeter. Denn es steht jetzt schon ein bisschen im Weg, ganz unten an der letzten Stufe der Kellertreppe. Aber das passte mir gar nicht und ich hab das sofort wieder mit Unsauberkeit bestraft. Seitdem steht es also da, wo ich es haben will. Und es wird jetzt auch nicht mehr rumgeschoben. Ich sag ja, anders versteht ihr uns ja nicht.

Kapitel 8 – Zahnweh

Uiuiui, das ist nichts schönes, das sag ich dir! Dass ja mein Näschen und meine Augen des Öfteren ein bisschen laufen, weißt du ja schon. Meine Tierärztin meint, ich hätte einen chronischen Schnupfen. Womöglich kommt daher auch meine Ataxie. Es kommt nämlich nicht selten vor, dass sich tragende Mama-Katzen mit einem Schnupfenkomplex anstecken und die kleinen Kätzchen folglich damit im Bauch infiziert werden. Und die kommen dann eventuell eben mit einer Ataxie auf die Welt. Oder ich hab mich angesteckt, als ich noch ein kleines Baby-Würmchen war. Ich weiß das gar nicht mehr, denn es ist schon so lange her.

Auf jeden Fall hat es sich mittlerweile so eingespielt, dass ich kleines Sensibelchen etwa zweimal im Jahr ein bisschen krank werde. Dann krieg ich entweder einen Schnupfen oder eine Zahnfleischentzündung – so was garstiges!

Beim Schnupfen muss ich immer niesen. Das hört sich eigentlich ganz süß an, ist aber schon etwas nervig. Außerdem hab ich dann gar keinen richtigen Appetit und viel spielen mag ich auch nicht. Ich bin dann immer etwas „dasig" (<u>Anmerkung zur bayerischen</u>

Linguistik: das a wird in dasig ausgesprochen wie in Hallo, nicht wie z. B. in sagen). Das heißt in unserem niederbayerischen Slang so viel wie teilnahmslos, niedergeschlagen, etwas belämmert. Man sagt es oft, wenn jemand am krank werden ist.

Aber die Zahnfleischentzündung finde ich noch schlimmer. Denn dann tut mir sogar das fressen weh. Vor allem, wenn mein Fleisch noch etwas zu kalt ist. Das sollte ja immer Zimmertemperatur haben, wenn ich es kriege. Denn sonst kann ein kleiner Miezel wie ich davon Bauchweh oder Durchfall kriegen. Aber manchmal, wenn ich großen Hunger hab, krieg ich es eben schon ein bisschen früher. Und letztens hab ich mein Fleisch angefaucht und sogar angeknurrt, weil es mir so wehgetan hat. Da gab´s aber gleich eins auf die Mütze. Ich hab einem Fleischstück dann zwei oder dreimal eins mit der Pfote draufgehauen. Das hatte es nun davon, mir einfach an den Zähnen weh zu tun.

Der Kobold hat dann gleich einen Termin bei meiner Tierärztin ausgemacht. Über diese Tierärztin sind wir alle sehr froh. Denn die versucht meine Probleme immer erst mal ohne Chemie, viele Spritzen oder Narkosen zu machen und schaut in erster Linie, dass ich stabil bleibe. Vor allem Narkosen sind ja bei Ataxisten sehr problematisch, aber davon in einem späteren Kapitel mehr. Sie hat dann jedenfalls gemeint, dass es eben nicht meine Zähne sind, sondern wieder das Zahnfleisch. Gott sei Dank, Zähne wären schlimmer gewesen. Dann hab ich noch eine Vitaminspritze gekriegt. Die wurde mir schon ein paar Mal gegeben und hat mir immer gut geholfen. Ich war auch ganz tapfer. Und dann meinte sie noch, der Kobold und der Ferkel sollten mir weiterhin so ein Gel für Zähne und Zahnfleisch geben, das wir schon zu Hause haben. Das hatte ich die letzten Tage schon immer wieder mal bekommen, als das mit den Problemen beim Fressen losging. Der Ferkel hält mich dann auf dem Arm und versucht mich im Nacken zu packen und der Kobold kommt mit einem komischen kleinen Plastikstäbchen, wo Watte an beiden Enden ist. Da schmiert er dann das Gel drauf und fummelt damit in meinem Mund rum. Das ist an den entzündeten Stellen nicht so angenehm, da versuch ich mich immer weg zu drehen. Geht aber nicht sehr gut, wenn du festgehalten wirst. Naja, aber ich hab mich schon etwas dran gewöhnt. Und es geht ja schnell.

Als wir vom Doktor wieder zu Hause angekommen sind, hab ich, wie es sich gehört, ein paar Belohnungs-Guttis gekriegt. Der Kobold hat mal erzählt, das würden Kinder nach der Behandlung auch kriegen. Bei ihm waren es immer große, bunte Gummibärchen. Die waren besonders toll, weil es damals solche nirgendwo zu kaufen gab, die gab´s nur in der Praxis vom Arzt. Bei mir sind es eben ein paar Dreamies.

Die Tierärztin hat mich auch wieder viel gelobt und meinte, dass ich ansonsten ein topfittes Kerlchen bin. Und wie brav und hübsch ich doch sei. Das sagt sie immer, aber es wird nie langweilig es zu hören. Außerdem hat sie angemerkt, dass ich ja mittlerweile schon fünf Jahre alt sei. Das wusste der Kobold zwar schon, aber es war schön, dass sie das auch wusste. Und es hätten am Anfang nicht alle gedacht, dass ich so alt werden würde meinte sie. Versteh ich nicht. Fünf Jahre ist doch jetzt wirklich nicht viel. Und bis auf das Wackeln und dem bisschen kränkeln ab und zu fehlt mir ja nichts. Aber ich hab schon mitbekommen, dass viele kleine Wackelkatzen eben nicht so alt werden, wie ich. Manche werden sogar umgebracht, weil die Menschen unsere Krankheit nicht kennen und meinen, wir wären nicht lebensfähig. Das stimmt aber in so ziemlich keinem Fall! Und wie ich ja schon oben mal erwähnt hab, wird es bei fast allen im Alter und mit Training besser.

Aber die Menschen fürchten sich ja vor allem, was sie nicht kennen oder verstehen. Da sind wir Tiere doch etwas weiter, so vom geistig-seelischen Horizont, erlaube ich mir hier mal anzumerken.

Aber zurück zu meinem Arztbesuch. Der Kobold lobte mich dieses Mal auch mehr als sonst. Denn selbst beim Fahren hab ich viel weniger gemaunzt als bisher. Sogar hingelegt hab ich mich in meiner Box und das, für meine Verhältnisse, recht entspannt. Der Kobold meinte, das liegt bestimmt auch an der Bachblüten-Kur, die ich vor kurzem gemacht habe. Die sollte mir helfen, nicht so schreckhaft zu sein und Ängste, die sich festgesetzt haben zu lösen. Seitdem bin ich noch schmusiger und nicht mehr ganz so ängstlich. Ich lasse mich viel länger auf dem Arm halten und gehe schneller auf Fremde zu als vorher. Das ist für mich ein riesen Erfolg.

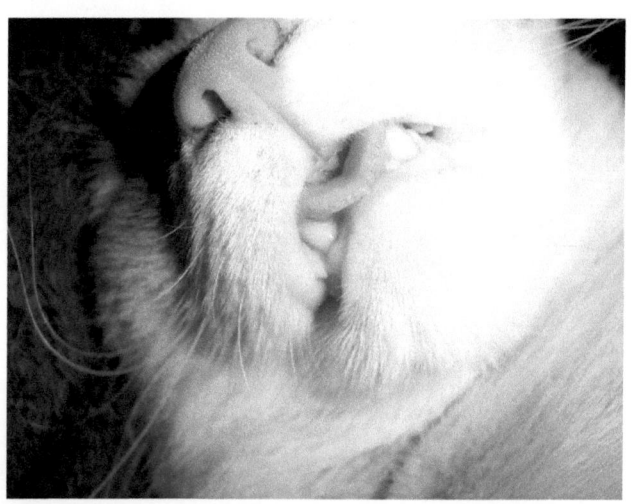

Kapitel 9 – Arme und Füße zu mir!

Zwei meiner Lieblingsspiele sind „Fang den Fuß" und „Schnapp den Arm". Das macht einen Heidenspaß. Zumindest mir.

Das spielt man folgendermaßen: Man wartet, bis jemand in ein Zimmer geht und versteckt sich dann vor entsprechendem Raum hinter einem Mauervorsprung oder einem gleichwertigem Möbelstück. Wenn dieser Jemand dann wieder rauskommt, springt man ganz schnell aus seinem Versteck, packt seine Füße und beißt ein bisschen hinein. Das ist ganz schön spannend und auch knifflig, denn du musst den richtigen Moment abpassen. Das ist für meine Koordination eine äußerst gute Übung. Den allergrößten Spaß macht es, wenn die zu fangenden Füße auch noch nackig sind. Ein weiterer Pluspunkt für den Sommer, denn da sind das die Füße sehr oft. „Schnapp den Arm" spielt man eigentlich genauso. Bloß dass ich das nur im Bett oder auf der Couch kann. Denn die Arme sind ja zu weit oben an den Menschen dran, für mich. Diese Spiele werden mir auch nie langweilig und ich kann das stundenlang machen. Scheinbar sehen das meinen Menschen nicht ganz so. Versteh ich nicht.

Im Garten draußen spielt der Kobold sogar öfter Fangen mit mir. Wenn er sieht, dass ich ihn beobachte, kommt er auf mich zu und schaut mich an. Dann hebt er seine Hände, als würde er mich gleich packen und macht komische Laute.

Geräusche kann man ja immer schlecht mit Worten beschreiben, aber es hört sich an wie „Kch, kch, kch…" oder so ähnlich. Mittlerweile weiß ich auch schon, dass diese Geräusche eine Spielaufforderung sind und komm dann angelaufen. Dann geht er ein paar Schritte zurück, schaut ob ich ihm schon folge und läuft dann vor mir weg. Und ich natürlich hinterher. Dann versuch ich seine Beinchen zu fangen und er versucht weiter wegzulaufen. Das ist immer so aufregend, dass ich mich manchmal sogar richtig aufpluster, um zu zeigen, dass ich jetzt ein großer, gefährlicher Jäger bin, vor dem man besser flüchten sollte. Ich sehe dann aus wie ein Wattebausch, der zu lange im Trockner war. Dieses Spiel wiederholen wir dann immer ein paar Mal. Entweder, bis ich oder der Kobold keine Lust mehr haben oder bis der Kobold findet, dass seine Beine jetzt genug geschunden sind.

Ich bin Purzel! | Kapitel 9 – Arme und Füße zu mir!

Ganz toll ist es aber auch abends im Bett, wenn das Licht schon aus ist. Da will ich oft noch weiterspielen. Dann spring ich aufs Bett. Schleich mich langsam an und dann, wie der Blitz, pack ich mir einen Arm oder ein Beinchen, was eben unter der Decke rausschaut, und knabber drauf los. Dann murmelt einer, meist der Kobold, mürrisch etwas Unverständliches und hebt mich vom Bett auf den Boden. Hihi, denk ich mir, das war lustig, gleich nochmal! Also wieder aufs Bett gesprungen und von vorne angefangen.

Je nachdem wie lange der Kobold und der Ferkel mitspielen wollen, machen wir das dann ein paar Mal. Nur manchmal werd ich doch tatsächlich aus dem Schlafzimmer geschmissen. Einfach so! Rausgetragen und die Türe unter weiterem, verschlafenem Menschengebrabbel zugemacht. Mann, das ist ganz schön gemein, oder? Aber meistens bleibt die Türe nicht sehr lange zu. Man muss nur wissen, in welchem Ton man vor der Türe fragen muss. Und ich kann wirklich erbärmlich armselig weinen, wenn ich irgendwas will. Das hält bei uns zu Hause keiner lange aus.

Und weil ich ja mit mir reden lasse, komm ich dann auch in Frieden zurück ins Bett. Dann mach ich es mir in einer Deckenkuhle beim Ferkel oder dem Kobold gemütlich und dann schlafen wir zufrieden alle drei ein. Und weil das so gemütlich ist, bleib ich auch fast immer bis zum morgen liegen. Uuuaaahhh...

Kapitel 10 –Purzel der Jäger

Man mag es kaum glauben, aber letztes Wochenende habe ich meinen dritten Vogel gefangen. Ist das nicht großartig?! Ich finde schon. Da das ja für mich keine Alltäglichkeit ist.

Das erste Mal war der Kobold nicht zu Hause. Der Ferkel hat zu Erst auch nichts bemerkt. Aber wie bei kleinen Kindern hat es ihm nicht gefallen, dass es plötzlich seit längerer Zeit so ruhig war. Also hat er nach mir gesucht. Ganz schön lange, ich war nämlich viel zu abgelenkt und konzentriert, um ihm zu antworten oder zu ihm zu kommen. Er hat mich dann irgendwann im Schlafzimmer unter dem Bett mit meinem „Fang" gefunden. Es war eine Amsel, die auch leider schon etwas zerrupft war.

Aber irgendwie wusste ich jetzt nicht recht was ich denn nun tun soll. Also hab ich sie bloß ganz lange angestarrt und ein bisschen doof aus der Wäsche geguckt. Der Ferkel hatte in solchen Dingen scheinbar auch noch nicht mehr Erfahrung als ich. Trotz vielen fragenden Blicken meinerseits, konnte er mir keine Anleitung zur weiteren Vorgehensweise geben. Er hat den Vogel dann rausgetragen in der Hoffnung, dass er entweder vielleicht wegfliegt oder ich ihn doch noch fresse. Was leider beides nicht eintraf. Also war diese Jagd bedauerlicherweise noch nicht sehr erfolgreich.

Etwas besser lief es dann schon beim zweiten Mal. Hier war ich mit dem Kobold im Garten. Ich war ganz hinten unter den Brombeer-Büschen. Dann kam ich auf den Kobold zu. Der dachte erst ich hätte eine große Motte oder so in meinem Mäulchen. Denn einige Tage vorher hab ich einen Ligusterschwärmer bei unserem Holzschupfen gestellt. Das ist ein Nachtfalter, der eine Spannweite von bis zu zwölf Zentimetern bekommen kann. Der ist also riesig. Und wunderschön, weil er eine ganz rosa-violett Färbung hat. Den musst du dir unbedingt mal irgendwo anschauen.

Jedenfalls war das diesmal kein Falter, sondern wirklich wieder ein Vogel. Ein kleiner Spatz diesmal, der wie ich glaube, aus seinem Nest gefallen ist. Den hab ich dann kurz hergezeigt. Als der Kobold ihn aber hochheben wollte, hab ich ihn gleich auf die Finger gehauen und ihn ein bisschen gekratzt. War ja schließlich meiner und ich wollte ihn bloß herzeigen und nicht teilen. Typisch Mensch…

Nach kurzer Zeit hab ich den auch gleich verspeist. Mann war ich da stolz. Und der Ferkel und der Kobold haben mich auch gelobt, weil ich jetzt schon so toll jagen kann.

Und sogar einen dritten Jagderfolg habe ich schon. Da war ich wieder mit dem Ferkel allein zu Hause. Und wieder hab ich mich unterm Bett versteckt. Diesmal hat es aber nicht ganz so lange gedauert, bis mich der Ferkel gefunden hat. Denn der kam zufällig vom Keller rauf und hat im Gang schon die vielen kleinen rumfliegen sehen. Da hat er sich schon gedacht, was los ist und ist sofort ins Schlafzimmer. Da war ich wieder unterm Bett mit meiner zweiten Amsel. Und da ich jetzt schon so viel Erfahrung beim Jagen habe, hat es hier auch nicht lange gedauert, bis ich sie gefressen hatte. Sehr lecker war das. Schmeckt viel besser als fertig geschnibbeltes Fleisch, das schon wer anders erlegt hat.

Irgendwie hab ich manchmal das Gefühl, viele Menschen finden das Jagen gar nicht so toll wie ich und meine Katzenkollegen. Versteh ich gar nicht, das ist uns doch angeboren. Wahrscheinlich sind die meisten Menschen schon so weit weg von der Natur, dass sie das nicht mehr sehen können. Wir sind nun mal kleine Beutefresser und keine Kuschelhäschen ohne Zähne und Krallen, die nur dazu da sind, den Menschen zu gefallen. Wir haben eben unsere angeborenen Instinkte und Bedürfnisse.

Hast du gewusst, dass es sogar so kranke Leute gibt, die ihren Katzen die Krallen ziehen lassen. Damit die ja nichts in der Designer-Wohnung ankratzen. Das muss man sich mal vorstellen! Vor allem, sind das ja nicht bloß wie bei euch Nägel, die den Pfoten aufsitzen, sondern die sind ja mit unseren Zehenknochen verwachsen. Das heißt diesen armen Geschöpfen wird tatsächlich an jedem Zeh das letzte Glied weggeschnitten. Ich weiß gar nicht wer hier schlimmer ist, der Besitzer, der sowas verlangt oder der Arzt, der dieser Bitte nachgeht. In freier Wildbahn könnten diese Amen Tiere weder jagen noch klettern und würden kläglich verhungern. Die Natur hat sich schließlich schon was dabei gedacht, jedes Lebewesen so auszustatten, wie sie es getan hat.

Und so Leid einem natürlich so ein Vögelchen auch tut, meist erwischen wir Katzen keinen gesunden, sondern eher kranke oder geschwächte Tiere, was der Natur dann ja auch wieder hilft.

Viele Jäger und Landwirte verteufeln uns auch und machen uns verantwortlich für das Verschwinden vieler Vogelarten aus unseren Landen. Es gab aber bereits zahlreiche Studien, die das widerlegen konnten. Da wurden viele wildlebende Katzen gefangen und man hat nachgesehen, was sich denn im Verdauungstrakt von ihnen wiederfand. Hier hatten Vögel, unter ihnen auch Bodenbrüter, einen verschwindend geringen Anteil. Den weit größeren Teil machten Mäuse und andere Nager aus.

Dass also womöglich die großflächige Landwirtschaft und die zunehmende Bebauung, die den Lebensraum für wilde Tiere immer weiter zurückdrängt, mehr mit dem Verschwinden zu tun haben könnte, lassen viele außer Acht.

Statistisch gesehen sind außerdem heute bei weitem mehr Hauskatzen als Freigänger vorhanden.

Aber scheinbar ist das ein sehr schwieriges Thema, das bei euch Menschen wohl noch länger für Diskussionen sorgen wird. Vielleicht sind auch viele Leute einfach nicht gesund, wenn sie nicht streiten oder andere ärgern können. Das ist wohl auch was typisch Menschliches manchmal.

Kapitel 11 – Ich werde gepiekt!

So eine Frechheit. Da macht man manchmal ein bisschen im Keller daneben und die bringen einen gleich wohin wo man drangsaliert wird.

Dass da was im Busch ist, hab ich schon den ganzen Tag gemerkt. Und als dann mein Transportkistchen vom Keller hoch geholt wurde, war ich mir ganz sicher. Ich muss wieder wohin fahren. Aber diesmal hat es viel länger gedauert als sonst, wenn ich Auto fahren muss. Gott sei Dank haben der Ferkel und der Kobold mitgedacht und sind zu zweit gefahren. Das heißt einer saß am Steuer und einer, wie es sich für brave Miezel-Besitzer gehört, bei mir hinten auf der Rückbank. Da durfte ich dann während der Fahrt auch aus meiner Box raus und mich auf die Decke neben den Kobold kuscheln. Aus dem Fenster will ich da immer nur ganz kurz schauen, das ist mir dann doch zu aufregend und geht mir viel zu schnell.

Als wir dann endlich ankamen, musste ich wieder zurück in die Kiste und ich wurde in ein ganz schreckliches Zimmer gebracht. Da waren total viele Leute drin und viele andere Katzen und sogar Hunde. Dann haben auch noch zwei von ihnen miteinander gestritten und total laut gebellt. Total furchtbar war das, sag ich dir! Und das wo ich doch Aufregung und alles außerhalb meiner Routine eh überhaupt nicht haben mag! Ich armer Miezel ich…

Nachdem ich stunden- wenn nicht tagelang in diesem Radau-Zimmer warten musste – und das wohlgemerkt auch noch eingesperrt in meiner Box – stand der Kobold, der ja neben mir saß, auf und ich wurde ich endlich wieder getragen. Zu meinem Entsetzen fuhren wir aber nicht wieder heim. Nein, jetzt wurde ich ins nächste Zimmer gebracht. Da war es zum Glück aber ruhiger. Es waren auch nur fünf Menschen drin und keine anderen Tiere. Ein jüngerer Mensch stand neben einem älteren, der mich ganz komisch beobachtete und etwas zum Ferkel und zum Kobold sagte. Dann war noch einer in der Nähe von der Türe, der ging dann aber gleich wieder. Und natürlich noch der Ferkel und der Kobold.

Plötzlich hob mich der junge Mensch aus meiner Box und setzte mich auf den Tisch in der Mitte. Er hielt mich fest und streckte dem, der mich die ganze Zeit so musterte, eins meiner Pfötchen entgegen. Dann hat mir der doch tatsächlich ein Loch da reinrasiert! Kannst du dir das vorstellen? Wie sieht das denn aus? Und als wär das nicht schon schlimm genug, dass der mir mein hübsches Fell verunstaltet, nimmt der eine Nadel und piekt mich. Der piekt mich! Unfassbar... Dann hat er mir noch so einen blauen Stoff um die Piekse-Stelle drumgetüddelt, weiß ich nicht warum. Vielleicht wollte er verbergen, was er mir grade angetan hat. Wenn du mich fragst, hat das nicht sehr schön funktioniert. Dann wurde ich gleich ein bisschen vom Ferkel und vom Kobold getröstet. War ja auch das mindeste. Die Menschen unterhielten sich dann noch alle etwas miteinander – auch der Piekser. Dann wurde ich wieder in meine Box gepackt und getragen.

Und tatsächlich war es immer noch nicht vorbei. Es ging doch allen Ernstes noch in ein weiteres Zimmer. Da war jetzt der Mensch, der vorhin so schnell wieder verschwunden ist. Und schon wieder ein Hund! Aber, auch wenn ich das nicht gern sage, aber der war wirklich brav. Der ist ganz brav auf seinem Platz gelegen und hat sich nicht viel gerührt. Und geschimpft hat der auch nicht, anders als die beiden Streitbolde in dem ersten, entsetzlichen Zimmer. Und dieser Mensch war auch ganz nett. Er hat mich auch nicht mehr aus meiner Kiste gepackt, weil er schon gesehen hat, dass ich mich fürchte und mir hier alles zu viel wird. Also hat er mich bloß ein bisschen angeschaut und mit dem Kobold geredet. Dann hat er was aufgeschrieben und ich durfte dieses Haus des Schreckens endlich verlassen.

Ich finde ich sah schon ein bisschen bedauernswert aus, mit meinem verbundenen Pfötchen. Das war vielleicht alles wieder nervenaufreibend sag ich dir. Aber zu Hause hab ich dann gleich ein paar Guttis bekommen und wurde viel gestreichelt und gelobt. Den Verband hat mir der Kobold auch bald abgemacht, weil ich immer dran geknubbelt hab. Dazu muss ich auch noch sagen, dass ich es grundsätzlich gar nicht leiden kann, wenn ich was an den Pfoten hab. Beim Fressen zum Beispiel, wenn mir mal ein Stückchen Fleisch auf die Pfote fällt, schleuder ich die gleich nach hinten und muss sie schütteln. Das fühlt sich nämlich ganz eklig an. Und der Verband war jetzt was, was sich nicht mal abschütteln ließ. Also musste ich natürlich ein bisschen dran beißen und rumpopeln. Bis sich der Kobold erbarmte und ihn abgemacht hat. Das alberne Rasierloch hat man dann noch ganz lange gesehen, bis das Fell wieder schön nachgewachsten ist.

Puh, bin gespannt, wann die sich das nächste Mal so einen Terror-Ausflug mit mir einfallen lassen. Mir reicht´s zumindest vorerst.

Ein paar weitere Bilder von meinem geschundenen Pfötchen kannst du dir übrigens auf meiner hübschen Internetseite ansehen. Denn scheinbar reicht es nicht, dass ich das alles mitmachen musste. Nein, das muss auch noch allen gepetzt werden, findet scheinbar der Kobold. Typisch Menschen, die können nichts für sich behalten.

Übrigens findest du auf meiner Webseite neben vielen anderen Bildern auch noch die, die du jetzt schon aus meinem schönen Buch kennst, größer und ganz in Farbe – bunt, bunt. Und auch noch Videos und andere Informationen. Nur falls du mich mal in meiner ganzen Pracht sehen willst – was ich dir sehr empfehle, denn ich bin schon ein sehr hübsches Kerlchen, hihi.

Kapitel 12 – Intermedium vom Kobold

Jetzt muss ich mal dazwischenquasseln, denn das muss ich dir jetzt unbedingt petzen:

Letztens ist der Miezel wieder mal in seinem Garten unterwegs gewesen. Da Dezember war, lag draußen ein wenig Schnee und der Boden war gefroren. Der Miezel musste aufs Klo, was er ja sowieso am allerliebsten draußen im Blumenbeet macht. Aber da wie gesagt der Boden ziemlich gefroren war, konnte er nicht richtig graben und stürzte um.

Ich sah ihm drinnen vom Fenster aus zu und erwartete eigentlich, dass er gleich wieder aufsteht um aufs Neue zu scharren und den besten Pipi-Platz zu finden. Der Herr Miezel bleibt aber liegen. Ich dachte schon, er kommt vielleicht nicht mehr hoch und wollte rausgehen um ihm zu helfen. Nicht dass er noch irgendwie feststeckt oder bei den Temperaturen gar am Boden festgefroren ist oder ihm gar was fehlt. Aber da setzte er sein – wie soll ich es beschreiben? Er hat ein typisches Klo-Gesicht. Das sieht aus wie eine Mischung aus konzentrieren, grinsen, entspannen, aufpassen und erleichtert sein – alles auf einmal. Er setzte also sein beträppeltes Klo-Gesicht auf und macht keine Anstalten sich wieder hinzustellen.

Hat doch dieser faule Miezel tatsächlich im Liegen gepinkelt!!! Scheinbar hat er sich auch Gott sei Dank nicht selbst angepieselt, ich denke sonst wär er schon aufgestanden – hoffe ich. Mein nächster Gedanke war: „Typisch Mann."

Als er fertig war, hat er alles begutachtet und ist stolz Richtung Haus gegangen, als hätte er gedacht „Das hab ich, wie immer, sehr schön gemacht.".

Kapitel 13–Exkursion zum Pummel

Jetzt muss ich dir noch von unserem Pummelchen erzählen - und hier gibt es viel zu erzählen. Der Pummel war ein sehr lustiger Geselle. Als ja leider unsere Maunzi im März 2013 überfahren wurde, und das auch noch direkt vor der Haustüre der Koboldsschwester, holten wir recht kurz darauf unseren Pummel im Tierheim ab.

Der Pummel war ein Mädchen und hieß eigentlich Mayra, aber der Kobold nannte ihn von Anfang an immer Pummel, weil sie so einen Speckbauch hatte und schon ganz schön mopsig war. Und ganz zur Freude vom Kobold setzte sich das bei allen durch und fast jeder nannte sie dann nur noch Pummel. Bis auf den Koboldsonkel, der sie immer ärgerte, indem er sie Bledl nannte. Das ist niederbayerisch und soll wohl soviel heißen wie Doofie oder Dödel – ganz schon frech.

Pummelchen hatte so einen Schwabbelbauch, dass der beim Laufen im Takt mit hin- und hergeschwungen ist. Meistens war sie aber eh zu faul zum laufen. Sie war überhaupt sehr faul. Zum Beispiel spielte sie sehr gerne, aber nur, wenn sie sich dafür nicht bewegen musste. Wenn sie am Boden lag und man mit einer Schnur vor ihr wedelte, hat sie nur so lange mitgespielt wie sich diese innerhalb ihrer Reichweite befand. Konnte sie die Schnur nicht mehr erwischen, legte sie ihren Kopf auf den Boden und hat sich nicht mehr bewegt. Ganz so als dachte sie „Wenn ich's nicht von hier erreichen kann, brauch ich's nicht zum Spielen. Viel zu anstrengend!"

Der Pummel war schon eine ganz besondere Katze, man könnte auch sagen, sie war ganz „speziell". Der Kobold und seine Schwester haben schon öfter gemeint, dass sie vielleicht sogar autistisch war, falls es sowas bei Katzen geben kann. Ganz allgemein reagierte sie auch nicht so, wie andere Katzen.

Das führte nicht selten zu sehr lustigen Situationen. Stand man zum Beispiel direkt neben ihr und rief ihren Namen, schaute sie erst mal in allen Richtungen umher, so als wüsste sie gerade nicht recht, woher die Stimme kommt. Bis dann schließlich – mehr oder weniger absichtlich – ihr Blick doch den des Rufenden fand.

Oft hat sie neben dem kleinen Teich in ihrem Garten gesessen, auf einem, nach der Meinung der Koboldsschwester, viel zu dünnen Ast. Sie hat immer darauf gewartet, dass er abbricht und der Pummel ins Wasser stürzt. Aber dafür war der Ast wohl zu vollgesaugt. Und weil sie scheinbar kein richtiges Gefühl in ihrem Schwänzchen zu haben schien, baumelte das dann oft ins Wasser Das schien sie aber gar nicht zu bemerken. Stattdessen saß Pummelchen seelenruhig und gemütlich eine ganze Zeit lang so in der Sonne und rührte mit der Schwanzspitze ein bisschen im Teich herum.

Ein anderes Mal saß der Kobold mit dem Pummel im Wohnzimmer auf der Couch und streichelte sie. Da ist sie plötzlich mit dem Kopf zum Kobold hin und wieder weg. Und wieder hin und wieder weg. Immer wieder, schon fast wie ein verhaltensgestörtes Tier, das immer mit dem Kopf webt, weil es nur immer eingesperrt ist. Da hatte der Kobold schon Angst, dass sie jetzt vielleicht einen Schlaganfall hat oder sowas. Aber Pummelchen ist nur mit den Krallen der rechten

Pfote in den Couchfasern hängengeblieben und kam nicht mehr alleine los. Sie wollte sich zum Kobold hindrehen, hing aber fest und wippte wieder zurück. Und das machte sie solange, bis der Kobold seine Pfote befreite. Sie hatte grundsätzlich öfter Probleme beim Einfahren ihrer Krallen. Oft blieb sie auch an der Kleidung hängen, wenn man sie wieder vom Arm absetzen wollte. Was man immer recht bald machte, denn wie gesagt, der Name Pummel war schon recht passend – hihi.

Wenn Sie mal etwas im Haus gefunden hat, sei es ein Kaugummipapier, ein Haargummi oder was auch immer, hat sie jedes Mal Laut gegeben. Wie ein Hund, der gerade etwas erbeutet hat. Dann hat sie das Entdeckte eine Zeit lang in ihrem Mäulchen herumgetragen, es irgendwann vor sich hingelegt und ganz laut miaut. Solange, bis man endlich zu ihr kam und ihre Entdeckung begutachtete. Dann wollte sie gelobt werden, was natürlich auch immer brav gemacht wurde.

Aber nicht nur der Pummel selber war lustig. Als sie noch nicht lange bei uns war, durfte sie noch nicht rausgehen, sondern musste noch im Haus bleiben. Eines Tages konnte die Koboldsschwester sie drinnen aber nirgends finden. Sie hat überall mehrmals nachgesehen und ganz lange gesucht, aber Pummel tauchte nicht auf. Jetzt bekam sie dann doch Angst, ist sie vielleicht durch eine offene Tür entwischt und weggelaufen? Oder schlimmer: ist ihr vielleicht sogar was passiert? Gott sei Dank hat sie sie durchs Fenster dann unten auf der Straße entdeckt und ist ihr gleich nachgelaufen. Pummelchen wollte sich aber scheinbar noch nicht fangen lassen und ist weiter bis zum Bach runter gelaufen, der in der Nähe des Hauses verläuft.

Die Koboldsschwester also hinterher, durchs Gebüsch und ja nicht zu schnell, dass sie nicht erschrickt und am Ende noch ganz wegläuft. Sie kroch da also durch die Hecken und Büsche zum Bach hinunter, hat sich schon alle Arme aufgekratzt und ist mit den Haaren ganz oft in den Ästen hängen geblieben.

Jetzt aber nicht aufgeben, es geht schließlich um unseren Schmusepummel. Also weiter, langsam und vorsichtig hat sie sich Stück für Stück vorgetastet. Dann hat sie sie endlich zu fassen bekommen. Pummel hat sich aber total gewehrt und wurde ganz böse. Sie hat die Koboldsschwester sogar richtig zerkratzt - als wären die Schrammen vom Durchs-Gebüsch-Kriechen nicht schon schlimm genug gewesen... Die Koboldsschwester verstand das gar nicht, war doch unser Pummel nie aus der Ruhe zu bringen und immer nur lieb und schmusig. Wollte sie denn nicht wieder mit nach Hause kommen? Da rief plötzlich die Koboldsmama vom Haus runter zum Bach: „Was machst du denn da unten mit der Nachbarskatze? Der Pummel

schläft doch hier im Kleiderschrank, wie immer?!"
Der Pummel war also so böse, weil er nicht der Pummel war. Aha, das erklärte jetzt so einiges. Die Koboldsschwester sagte dann nur kurz „Ah ja." Machte ein Gesicht als ob nichts gewesen wäre und schlich zum Haus zurück.

Aber es war zu spät. Sie wurde bereits gnadenlos von allen ausgelacht und veräppelt – zu Recht wie ich bemerken will, hihi. Die Kratzer an ihren Armen trugen die nächsten Tage nicht dazu bei, die Geschichte bald zu vergessen. So wurde sie noch unzählige Male deswegen geärgert – lustigerweise sogar bis heute. Sie versuchte sich zwar noch zu rechtfertigen, dass es in der Nachbarschaft ja mindestens drei Katzen gebe, die auch ganz schwarz sind und genauso aussehen wie der Pummel, aber keines ihrer Argumente half ihr weiter. Ja ja, eine große Familie ist schon ein Segen ;)

Lustig war es auch, als die Koboldsschwester in der Badewanne gelegen hat. Graziös wie sie war, versuchte Pummel am Badewannenrand entlang zu balancieren. Nachdem sie jedoch ca. einen Meter Platz für so eine Aktion braucht und weil sie eben ein kleines Dotschal ist (wieder mal ein niederbayerischer Ausdruck für jemanden, der sehr tollpatschig und unbeholfen ist), rutschte sie natürlich ab und es hat sie gepflegt in die Badewanne gesemmelt. Leicht erschrocken versuchte sie dann dem schrecklichen Nass wieder zu entkommen, womit sie, u.a. wegen besagt fehlender Koordination, soviel Erfolg hatte, wie ein Käfer, der auf dem Rücken liegt und sich wieder umdrehen will. Die Koboldsschwester hat ihr dann selbstverständlich geholfen und sie herausgehoben. Danach musste sich Pummelchen erstmal einige Stunden putzen und trocken lecken.

Wir haben auch festgestellt, dass der Pummel die Schweiz in der Katzenwelt war. Sie war so neutral, dass selbst die bösesten Katzen einfach so an ihr vorbei gingen. Sie knurrten und meckerten nicht und griffen sie auch nicht an. Wahrscheinlich merkten auch sie, dass Pummelchen nicht ganz so normal war und dass keine Gefahr von ihr aus ging. Und das stimmte wirklich, sie hatte keinerlei Interesse irgendwelche Rangfolgen zu klären oder sich mit anderen anzulegen. Sie wollte nur schmusen und ab und zu spielen.

Dass Pummelchen nicht ganz so war, wie andere Katzen merkte auch die Lilli. Sie fing an ein richtiges Pummel-Kindermädchen zu werden. Ging der Pummel raus, ging sie hinterher. Verschwand der Pummel hinter einer Ecke, folgte sie ihm und setzte sich so hin, dass er wieder in ihrem Blickfeld war.

Bei einem Spaziergang hatte der Pummel mal Probleme wieder von einem Zaun runter zu kommen. Sie saß also auf der oberen Kante und traute sich nicht mehr runter. Da kam die Lilli, setzte sich direkt davor auf den Boden und schaute hoch. Dann sprang sie auch auf den Zaun, gleich wieder runter auf den Boden und sah sie erneut an. Ganz so als wollte sie ihr zeigen was sie tun soll und sie zu animieren es ihr gleich zu tun. Das wiederholte sie ein paar Mal, bis sich Pummelchen wirklich traute auch runter zu springen. Dann gingen sie gemeinsam zum Haus zurück.

Mit Zäunen hatte sie es allgemein nicht so. Ein anderes Mal ist sie in dem Gitterzaun vom Koboldsonkel hängen geblieben. Das heißt eigentlich ist sie einfach nicht ganz rübergekommen und hing dann so mit den Vorderpfoten oben und konnte ihr Popöchen nicht mit hochziehen. Da hing er also und schaute ganz flehend. Gut dass die Koboldsoma gerade in der Nähe war und ihr zugesehen hatte. Sie kam gleich zu Hilfe und hat ihm geholfen den Zaun zu erklimmen.

Ich bin Purzel! | Kapitel 13 – Exkursion zum Pummel

Wie bereits erwähnt, war der Pummel eine sehr, sehr liebe und verschmuste Katze. Sie genoss jede Zuwendung und kam gleich schnurrend angelaufen, wenn man sich ihr zuwendete. Und gesprächig war sie auch. Sie musste immer mitquaken, wenn man sich unterhielt und besonders, wenn man direkt mit ihr redete.

Kleiner Pummel, wir hoffen, dir geht es gut, da wo du jetzt bist. Wir werden dich immer vermissen!

Mach´s gut, Süße!

Kapitel 14–2015 - Das Jahr der Taufe

Das neue Jahr hat bei mir schon gut angefangen…
Bei euch Menschen gibt's ja scheinbar was, wo einem, wenn man noch ganz klein ist, Wasser über den Kopf geschüttet wird. In einem dafür vorgesehenen Gebäude. Und das macht immer ein Mann, der ein Kleid an hat. Pfff, schon komisch, ein Mann mit einem Kleid schüttet andere mit Wasser an. Aber scheinbar ist das schon in Ordnung, denn da ist nie jemand böse, wenn der Kleider-Mann das macht. Aber soweit ich das mitbekommen habe, wird das nur bei euch Menschen gemacht und nicht z. B. bei uns Katzen. Das sahen der Kobold und das Ferkel scheinbar dieses Jahr etwas anders.

Einen Tag, nachdem am Jahresende so viel Krach und Riesengeschepper draußen war, war bei mir zu Hause alles wieder schön ruhig. So wie ich es gern hab. Wir haben alle lange geschlafen, sind dann gemütlich aufgestanden und keiner hatte es mit irgendwas eilig. Als der Ferkel und der Kobold Hunger bekommen haben, sind sie in die Küche gegangen. Ich natürlich hinterher, denn der Miezel muss überall dabei sein. Der Kobold hat dann einige Sachen aus dem Kühlschrank geholt und alles auf einen Teller umgeschichtet. Ich hab mich ein bisschen von hinten an seine Beine rangeschmeichelt und bin dann in Richtung Ferkel gewackelt, weil ich dort dann weiterschmusen wollte. Ich bin kaum fünf Katzenschritte weit gekommen, da ist es auch schon passiert. Der Kobold hat nicht gesehen, dass ich noch bei seinen Füßen stand und ist gestolpert. Er ist zwar nicht hingefallen, aber der Teller in seiner Hand bekam so eine Schieflage, dass die ganze Soße auf mein hübsches Köpfchen und den Rücken schwappte. Iiiihhhhgitt-igitt-igitt… Das war vielleicht schmierig und fettig und ganz eklig. Ich bin auch gleich unter den Tisch geflüchtet und hab mich ganz schön erschrocken. Nebenbei: keine Angst, die Soße war nicht heiß, nur ein bisschen lauwarm.

Der Kobold ist dann gleich zu mir hergelaufen, hat sich entschuldigt und mich getröstet. Der Ferkel meinte nur: „Das war ja gar nicht so schlimm, später beim Putzen freut er sich bestimmt, dass er nach leckerer Soße schmeckt."

Da hatte er auch gar nicht so unrecht. Ich hab danach einige Stunden damit verbracht mich ganz genüsslich sauber zu lecken. Und die ganze Putz-Zeit über habe ich ganz breit gegrinst, so einen Spaß hatte ich. Ja, Katzen können sehr wohl grinsen und ich kann das überaus toll.

Vor allem, wenn der Ferkel und der Kobold endlich Ruhe geben und wir alle gemütlich zusammen auf der Couch liegen. Da freu ich mich immer und grinse bis über meine beiden Miezelohren, wenn ich dann endlich einschlafen darf.

Aber auch wenn das Putzen mit der Soße im Fell eine leckere Abwechslung war, brauche ich das nicht nochmal. So ein klebriges Fell fühlt sich nämlich gar nicht schön an für so einen sauberen Miezel.

Und als wäre die Soßentaufe noch nicht genug gewesen, dachte sich der Ferkel „Da setz ich jetzt noch einen drauf."

Der Kobold war nicht zu Hause, der hatte seinen Kurs, in dem er lernt, wie man uns Katzen und anderen Tieren hilft, wenn sie krank geworden sind. Und ganz oft, wenn der Kobold eben den ganzen Tag weg ist, kocht der Ferkel dann sehr brav. An diesem Tag hat er das auch gemacht. Und, wie in vorigem Fall schon erwähnt, muss selbstverständlich der Miezel mit dabei sein. Ich also in die Küche hinterher, falls er meine Hilfe braucht.

Der Ferkel ging ganz oft zwischen Herd und Kühlschrank hin und her, was mir das um-die-Beine-schmeicheln ganz schön erschwerte. Als er wieder irgendwas aus dem Kühlschrank holte, stand ich bei seinen Beinen, direkt unter der Kühlschranktür. Plötzlich knackte es und mir lief es ganz kalt den Kopf und die Arme herunter. Schon wieder! Iiiihhhgitt-igitt. Hat doch der Ferkel tatsächlich ein Ei über dem armen Miezel aufgeschlagen! Ist das zu fassen? Scheinbar ist er an der Kühlschranktürkante hängengeblieben, und hat es dort gepflegt dagegengesemmelt. Und das genau über mir.

Er hat sich zwar auch gleich bei mir entschuldigt und beteuert, es wäre keine Absicht gewesen, aber ich weiß ja nicht so recht… So nah aufeinander, wär das schon ein ziemlicher Zufall, oder?

Das Ei hat sich sogar noch komischer angefühlt, als die Soßentaufe und klebriger war es auch. Dafür hat es aber zumindest nicht schlecht geschmeckt.

Nein, nein, da machst was mit als kleiner Miezel.

Kapitel 15–Des Miezels Käfer

Dass ich ein sehr toller Jäger bin, weißt du ja bereits. Das bestätigt sich ein weiteres Mal in folgender Geschichte.

In meinem schönen Wohnzimmer, haben wir einen Schwedenofen. Den mag ich total gerne, weil er im Winter immer so eine angenehme Wärme macht. Und so einen Schwedenofen beheizt man ja mit Holz. Das heißt, immer wenn der Kobold und ich frieren und es warm haben möchten, heizt der Ferkel ihn für uns ein. Das Holz, das wir dafür brauchen, steht in einem Körbchen neben dem Ofen. Der Rest lagert in unserem Holzschuppen, weil im Wohnzimmer natürlich nicht so viel Platz dafür ist. Und weil der Schuppen draußen im Garten steht, wohnen im Holz ganz oft irgendwelche Krabbelkäfer. Das find ich natürlich überaus spannend, weil die mit den Scheiten zu mir ins Haus getragen werden. Mäuse und Vögel erwisch ich ja bis auf wenige Ausnahmen eigentlich nicht, aber Käfer haben gegen mich keine Chance.

Vor kurzem hat sich der Kobold abends mal gefragt, warum ich denn nicht mit in die Küche kommen will. Ich bin nämlich ganz lange nur im Wohnzimmer gehockt, als würde ich auf etwas warten und hab immer wieder zum Fenster hoch gesehen. Er hat zwar auch in die Richtung geschaut, konnte aber nichts sehen, da Koboldsaugen nicht ganz so gut sind, wie Miezelaugen. Erst als der Ferkel zu mir kam und alles genau inspizierte, erspähten sie meine Entdeckung: ein Käfer!

Da hat er mir selbstverständlich gleich geholfen und wollte ihn für mich auf den Boden holen. Aber irgendwie hat der Krabbler es geschafft zu entkommen. So was Gemeines! Ich war natürlich immer noch ganz aufgeregt und dachte nicht daran, schon aufzugeben. Dich krieg ich schon, sagte ich mir. Hab ich also lauerjägermäßig weiter gewartet. Und meine Geduld wurde belohnt. Später, als wir alle im Wohnzimmer waren, hab ich den Käfer dann im Holzkistchen gehört. Da bin ich natürlich gleich hingelaufen, vorsichtig mit den Vorderpfoten rein geklettert und hab ihn auf einem Holzscheit krabbeln sehen. Ganz begeistert hab ich dem Ferkel bescheid gegeben, der dann auch gleich brav zu mir kam. Er hat den Käfer von der Kiste zu mir auf den Boden gebracht und nach ein bisschen spielen hab ich ihn endgültig erlegt. Mmmhh, der hat schön geschmeckt. Ich finde überhaupt, dass alles viel besser schmeckt, wenn man es selber gefangen hat.

Ein bisschen später an diesem Abend hat mich der Kobold irgendwann ganz komisch von der Seite angesehen. Er kam auf mich zu, hielt mich fest und drehte mich zum Ferkel. Dann haben die mich zusammen einfach ausgelacht. Ich sag ja, die Menschen sind oft ganz schön frech. Offensichtlich bin ich, als ich in das Holzkistchen geklettert bin, mit dem komischen Stock in Berührung gekommen, mit dem der Ferkel immer im Ofen rumstochert. Und der ist ganz schwarz und rußig am Ende. Und eben dieses Ende hat mir auf der Seite nun einen rabenschwarzen Strich in mein hübsches Fell gemalt – keine Angst er war nicht heiß. Und weil ich ja so hell bin, stach das richtig schön raus. Tja, was soll ich sagen, eine Jagd hinterlässt nun mal Spuren. Und gefährliche Kater sind nun mal öfter schmutzig.

Momentan, wenn mein schöner Ofen eingeheizt ist, lieg ich sehr gerne ganz nah mitten vor seiner Glasscheibe und lass mir die Wärme auf mein Fell strahlen. Mann, das ist gemütlich sag ich dir! Da lieg ich dann, döse vor mich hin und genieße das total.

Da lieg ich letztens also wieder faulenzerisch vor dem Feuer und plötzlich erschreck ich mich total. Krabbelt doch da tatsächlich was meinen Rücken hoch! Und was wohl? Genau – wieder so ein Käfer. Da hab ich mich natürlich gleich gewehrt und ihn einfach von meinem Rücken geschleckt. Hihi, jetzt muss ich die nicht mal mehr fangen, die kommen gleich von selber in meinen Mund gekrabbelt. Nicht dass ich faul wäre, aber sehr praktisch finde ich das schon.

Von diesen Käfern wohnen momentan scheinbar ganz schön viele in unserem Holzschuppen, denn irgendwie haben wir jeden Tag einen oder zwei im Wohnzimmer. Ich hab da natürlich absolut nichts dagegen. Denn ich hab Spaß beim Fangen und Auffuttern und der Ferkel und der Kobold freuen sich, dass die Käfer nicht lange in der Wohnung herumkrabbeln. So hat jeder was davon.

Aber ich fang aber durchaus nicht nur Käfer, sondern auch alles andere, was so in meiner Reichweite kreucht und fleucht. Das sieht man dann hin und wieder auch ganz gut an den weißen Wänden. Im Schlafzimmer zum Beispiel sind ganz viele hübsche Tatzenabdrücke von mir in der Ecke beim Ferkels-Nachtschränkchen. So ungefähr bis einen Meter nach oben in regelmäßigen Abständen. Ich weiß es zwar nicht mehr genau, aber offensichtlich hab ich da was fangen wollen und war zuvor in meinem Garten unterwegs. Da hatte ich dann ganz schmutzige Füße und jeder Patscher hinterließ eine kleine, schwarze Miezelpfote an der Wand. Sehr hübsch, wie ich finde.

Zum Leidwesen vom Kobold fang ich auch Spinnen. Die mag er nämlich recht gerne und kann es immer gar nicht sehen, wenn ich die fange und auffresse.

Manchmal, wenn eine größere irgendwo an der Wand oder der Decke ist, krieg ich sie nicht mal zum Spielen. Die nimmt er dann und trägt sie in den Garten raus. Vielleicht macht ihm das Fangen aber auch einfach genauso viel Spaß wie mir. Dann sei ihm das natürlich hin und wieder vergönnt. Ich bin da ja nicht so.

Kapitel 16–Der Miezel klackert

In letzter Zeit war ja das Wetter nicht sehr Miezelfreundlich und dadurch ist es draußen momentan extrem matschig. Die Erde ist total aufgeweicht und eigentlich ist man mit jedem barpfotigem Schritt schon ganz schön schmutzig. Wenn man dann aber, wie ich, auch noch äußerst gerne draußen aufs Klo geht und dabei so viel wie möglich scharrt und gräbt, ist man erst recht schmutzig. Wobei das hier noch untertrieben ist, meint der Kobold. Und da ich auch noch so große Füße hab, ist sehr viel Platz zwischen meinen Zehen für alles Mögliche, was sich draußen so ansammelt.

Und wenn ich dann vom Garten rein in die Wohnung gehe, verteilt sich das sehr schön auf dem Laminatboden. Das geht von kleinen Blättern über Moos und Tannennadeln, bis zu kleinen Holzstückchen und dazwischen sind natürlich jede Menge kleiner Erdklümpchen. Bei jedem Schritt. Das findet der Kobold scheinbar auch urspannend. Denn er ruft mir nach ein paar Schritten immer gleich zu und kommt her. Dann kriecht er vor mir ein bisschen auf dem Boden rum. Offensichtlich will er dann mit mir spielen, aber dafür bin ich meist doch noch zu beschäftigt. Er meinte letztens so zu mir „Das gibt's doch gar nicht, so viel Platz kann doch in so kleinen Miezelpfoten gar nicht sein, dass du so viel Dreck verlieren kannst!?" Hihi, doch dieser Platz ist da sehr wohl.

Ich hab auch meinen eigenen Fußabtreter, wenn man vom Garten reinkommt. Denn bei diesem Matsche-Wetter bring ich nicht bloß spannende Sachen für den Kobold mit rein, sondern hinterlasse bei jedem Schritt auf noch hübsche kleine Pfotenabdrücke auf dem Boden. Und weil das scheinbar nicht allen so gut gefällt, wie mir, liegt gleich wenn man reingeht, so eine kleine schwarze Matte. Und immer, wenn's draußen recht nass ist, wird dahinter ein buntes Handtuch ausgebreitet. Dann baut der Kobold rundherum noch eine kleine Burg aus Schuhen, damit man gar nicht anders kann, als auf dem Handtuch entlang zu gehen. Macht ihm scheinbar genauso viel Spaß, wie nach mir auf dem Boden rumzurutschen.

Manchmal, wenn es draußen richtig nass ist und ich wirklich sehr, sehr dreckige Pfoten habe, dann wird mir einfach die Türe nach drinnen zugemacht. Und wenn ich dann rein will, darf ich nicht gleich in die Wohnung, sondern werde erst mal festgehalten. Und dann werden mir mit dem bunten Handtuch alle meine Pfoten abgerubbelt. Oh Mann, das mag ich gar nicht, sag ich dir. Da muss ich immer ganz viel meckern und strampeln. Und je mehr ich strampel, desto länger dauert es und je länger es dauert, umso mehr strampel ich. Du siehst also, das ist ein ganz gemeiner Teufelskreis, in dem ich da gefangen bin, da kann ich gar nichts machen.

Ach ja, ich wollt ja eigentlich erzählen, warum ich geklackert habe. Also, das war so: ich war wieder mal in meinem Garten. Es war immer noch Matsche-Wetter. Und wie immer waren meine Pfoten überaus schmutzig, nachdem ich draußen war. Ich war schon einigermaßen lange drinnen und sauber, also legte ich mich erst mal ein bisschen auf meine Couch. Nachdem ich ein kleines Nickerchen gemacht hatte, bekam ich, wie so oft, Hunger. Bin ich also aufgestanden und in Richtung Futter-Schüsselchen marschiert. Nach ein paar Schritten fingen der Ferkel und der Kobold an zu lachen. Erst mal wusste ich gar nicht warum. Die Menschen sind ja öfter ohne für mich erkennbaren Grund albern, deshalb hab ich mich darüber nicht so sehr gewundert. Dann fiel mir selbst auf, dass es sich bei jedem Schritt mit meiner rechten Vorderpfote anhörte, also ob ein kleines Steinchen auf den Boden aufschlägt. Das machte dann beim Gehen „tap-tap-klack-tap-tap-klack". Eigentlich ganz komisch, wenn man es so erzählt.

Aber ich dachte bloß „Eieiei, nicht schon wieder!". Das hatte ich nämlich schon ein paar Mal, aber nur, wenn ich auf meinem Katzenklo gewesen bin. Da hatte sich dann ein kleines Streukügelchen zwischen meinen Zehen verklemmt. Aber das war immer nicht ganz so laut.

Der Ferkel und der Kobold haben dann natürlich versucht, dieses Klacker-Ding aus meiner Pfote zu popeln. Aber das war nicht bloß ein kleines Steinchen, sondern ein richtig festes, kleines Schmutz-Klümpchen. Und da es bereits eingetrocknet war, hat es sich richtig schön mit meinem Fell verklebt. Also bekamen die das gar nicht raus, sondern haben mich mehr gerupft, was mir überhaupt nicht gefiel. Das hab ich Ihnen auch gleich mitgeteilt, mit meckern und mit beißen. Natürlich nicht sehr fest, nur gerade so, dass sie merken, sie sollen aufhören. Und weil mir das so wenig gefallen hat, hab ich mich auf den Boden in mein Körbchen verkrümelt und zwar mit dem Rücken zu ihnen und bin nicht mehr zu den Fell-Ziepern auf die Couch gekommen – so, das hatten sie jetzt davon. Die nächsten Tage haben sie immer wieder versucht das Klümpchen zu fassen und es doch noch raus zu kriegen, aber ohne Erfolg. Erstens saß es immer noch total fest und zweitens hab ich mein Pfötchen gleich weggezogen, wenn sie drangekommen sind. Ich weiß ja schließlich noch, wie das letztens geziept hat. Hab ich also noch ein paar Tage fröhlich bei jedem Schritt mit der rechten Vorderpfote vor mich hingeklackert.

Nach drei Tagen oder so, hab ich mit dem Kobold wieder mal abends aus dem Schlafzimmerfenster gesehen. Das mach ich ja total gerne. Und weil ich da so abgelenkt bin, mit Sachen draußen beobachten, konnte der Kobold gut an meiner Pfote rumzupfen. Und endlich! Er konnte das blöde Klümpchen rausholen. Es war nach der langen Zeit richtig ungewohnt, wieder leise gehen zu können. Naja, so leise, wie ich es als Wackelkater eben kann – hihi.

Kapitel 17– Des Miezels Dressuren

Hab ich dir eigentlich schon erzählt, dass ich ein neues Hobby habe? Nicht? Dann wird´s ja Zeit.

Dass ich sehr gescheit bin, weißt du ja mittlerweile, aber jetzt kann ich auch noch kleine Ferkel dressieren. Ja wirklich! Also natürlich ist hier mein Menschen-Ferkel gemeint. An echten kleinen Schweinchen hab ich mich noch nicht versucht – aber wer weiß was noch so kommt.

Aber erst mal von vorn, wie ich dazu gekommen bin, dem Ferkel ein Kunststück beizubringen. Mein Futterschüsselchen steht ja in der Küche und unser gemütliches Abend-Faulenzen findet immer im Wohnzimmer auf der Couch statt. Und da ich ja ein so Routine-liebender Kater bin, dem seine geregelten Arbeitszeiten sehr wichtig sind, weiß ich auch, wann meine Menschen vorhaben länger auf der Couch bleiben. Nämlich dann, wenn ich abends von meinem Garten reingeholt werde und die Türe nach draußen zugemacht wird. Dann weiß ich, der Tag neigt sich dem Ende zu. Werd ich also reingeholt und die gehen meist direkt ins Wohnzimmer. Aber ich bin da noch lange nicht bereit zum Faulenzen und das heißt, der Ferkel und der Kobold selbstverständlich auch noch nicht. Legen die sich auf die Couch, wird erst mal ein bisschen gemeckert. Das kriegen die auch immer mit und antworten schön brav. Kommt dann immer noch keiner zu mir, setz ich mich demonstrativ vor die Wohnzimmertüre, wo mich alle gut sehen und bemitleiden können, weil ich ja ein so armer, hungernder Miezel bin.

Die Türe vom Wohnzimmer ist nebenbei bemerkt auch noch praktischerweise gleich am Eck von der Küchentüre. Ich sitz da also sehr schön direkt an beiden Zimmern, in denen ich was will – nämlich einmal Essen und einmal Aufmerksamkeit. Und wenn ich da sitze, versteht der Ferkel auch immer, was er jetzt tun soll. Nämlich zu mir kommen und mit mir futtern gehen. Manchmal braucht er dafür ein bisschen länger und ich sitze schon mal eine gefühlte Katzenewigkeit da im Gang und hypnotisiere ihn weiter mit meinem Blick. Aber wenn ich geduldig dableibe und ihn anschaue, kommt er immer irgendwann zu mir. Dann gehen wir gemeinsam in die Küche zu meinem Schüsselchen und essen miteinander. Und ich hab ihm sogar beigebracht mich zu füttern, ist das nicht toll? Ich sitz dann vor meinen Fleischstückchen und der Ferkel holt mir eins nach dem anderen raus und steckt es mir in den Mund. Das ist schon sehr bequem und man gewöhnt sich schnell an einen derartigen Luxus – hihi.

Außerdem macht das natürlich auch viel mehr Spaß als alleine essen, das kann ich dir sagen. Die Menschen essen ja auch immer zusammen, warum soll ich dann also alleine essen müssen? Das machst du bestimmt auch nicht gern, hab ich recht?

Und wenn wir dann fertig sind kommt meine zweite Dressur, das ist die vom Kobold. Das kann ich nämlich auch schon.

Sind wir mit gemeinsam-futtern fertig, geht der Ferkel zurück zum Kobold auf die Couch. Ich bin jetzt satt, das ist schon mal schön. Dann geh ich noch ein paar Runden in der Wohnung rum und schaue, ober irgendwo noch wer ist, der da nicht hingehört – was ich dank meiner höchst scharfen Katzensinne natürlich vorher schon weiß, ob sonst irgendetwas anders ist und, was noch wichtiger ist, um zu sehen ob irgendwo Fenster offen sind. Denn das ist das Kunststück, das ich dem Kobold beigebracht habe: aus dem Schlafzimmerfenster sehen, bevor es auf die Couch geht.

Liegen die also schon wieder faul rum und ich noch nicht. Also erst wieder maunzen, damit die wissen, dass noch was zu tun ist, bevor sie endgültig faulenzen können. Meistens gehe ich auch unter beständigem Meckern schon in Richtung Schlafzimmer, um es noch ein bisschen eindeutiger zu machen. Wenn dann also der Kobold endlich verstanden hat, dass er jetzt an der Reihe ist, kommt er auch immer brav zu mir. Dann fragt er immer: „Mias manonausschauen?" Das ist bayerisch für „Müssen wir nochmal rausschauen?". Den Satz versteh ich schon und antworte ihm dann auch immer ganz aufgeregt, denn ich will ja, dass er sich beeilt. Dann gehen wir zusammen ans Schlafzimmerfenster und schauen ein paar Minuten raus. Das ist vielleicht immer spannend sag ich dir! Was genau ich da schon alles gesehen habe, erzähl ich dir im nächsten Kapitel.

Du siehst also, ich bin ein sehr erfolgreicher Menschen-Dresseur. Mal sehen, was ich ihnen noch so alles beibringen werde.

Wenn ich also gemeinsam mit dem Ferkel gefuttert und mit dem Kobold aus dem Fenster geschaut habe, sind meine Arbeiten für den Tag erledigt und bin ich zufrieden. Dann dürfen die beiden zur Belohnung endgültig auf die Couch zum Faulenzen gehen. Und ich geh dann normalerweise auch mit und leg mich zwischen irgendwelche Füße. Welche das sind, variiert von Phase zu Phase.

Uuuaaahhh – nach so viel geistiger Anstrengung hab ich jetzt aber wirklich ein Nickerchen verdient. Gute Nacht.

Kapitel 18 –Mein Schlafzimmer-Fenster

So, wie ich das mit Aus-dem-Schlafzimmer-Fenster schauen anstelle, ohne allein raufspringen zu können, weißt du ja jetzt schon aus dem letzten Kapitel. Was ich da schon alles gesehen habe - Mann oh Mann.

Also mitunter am spannendsten sind ja natürlich Katzen-Kollegen. Da gibt's z. B. ein kleines dreifarbiges Katzenmädchen. Ich weiß nicht ob du das schon gehört hast, aber es gibt tatsächlich keine dreifarbigen oder Schildpatt-farbigen Männchen bei Katzen. Das sind alles Weibchen und keiner weiß warum.

Und eine Dreifarbige wohnt bei mir in der Nachbarschaft. Die hat sogar schon mal in mein Wohnzimmerfenster reingeschaut. Hat sich aber gleich erschreckt, als so viele von drinnen zurückgeschaut haben und ist weggelaufen. Gestern ist sie ganz nah am Schlafzimmerfenster vorbei gekommen, genau da, als ich rausgeschaut hab. Ich hab sie sogar schon kommen hören, da wusste der Kobold noch gar nicht, dass sie jetzt gleich um die Ecke in den Hof kommt. Sie ist aber leider immer noch ganz schön scheu und gleich wieder abgehauen, als sie der Kobold angesprochen hat. Vielleicht denkt sie es geziemt sich nicht für ein kleines Katzenmädchen einfach so mit fremden Katern zu sprechen.

Andere Katzen gibt's natürlich auch. Eine hat ein hübsches kleines Glöckchen um den Hals, die ist Schildpatt-farben. Du siehst jetzt schon, wie begehrt das Miezel-Grundstück bei den Damen der Umgebung ist. Alle wollen sie zu mir. Ich finde das sehr schön.

Aber nicht nur Katzen, auch andere Tiere hab ich schon beobachtet. Wenn der Ferkel und der Kobold arbeiten müssen, stehen sie immer ganz früh auf. Meist ist es da noch dunkel, außer im Hochsommer. Eines Morgens, nachdem der Kobold das Bett gemacht hat, ist tatsächlich ein großer Marder direkt am Zaun an der Straße entlang gelaufen. Ja wirklich! Der hat ganz schön laut geschnauft, was sich ganz schön komisch angehört hat. Aber ich glaub der hat uns gar nicht bemerkt oder hatte es so gnädig, dass er keine Zeit zum schauen hatte.

Und eine riesige Eule ist auch mal ganz nah am Fenster vorbeigeflogen. Die war so groß, dass es richtig rauschte, als sie vorbeiflog. Da hat man direkt ihre Flügel im Wind gehört. Da hab ich mich fast ein bisschen erschreckt. Aber bloß fast.

Was auch noch sehr toll ist und ich schon mehrmals gesehen habe, sind kleine Igel. Ich hab bestimmt schon dreimal einen gesehen. Manchmal auch ganz nah, direkt unter dem Fenster. Das war auch ganz schön spannend. Wie die kleinen stacheligen Kugeln da so im Gebüsch und bei den Blättern rumwuseln.

Die sind vielleicht putzig. Und beweglicher, als man denkt. Einer hat sich bei den Nachbarn zwischen Betonsockel und Gartenzaun durchgequetscht. Der Kobold hat schon gedacht, er muss jetzt gleich rausgehen und eine Rettungsaktion starten, denn der Spalt war ganz schön schmal. Erstens musste sich der kleine Igel ganz schön strecken, um überhaupt da hoch zu kommen und dann hat sich der sowas von platt gedrückt um da durch zu passen. Wahnsinn. Wenn ich es nicht selber gesehen hätte, hätte ich gesagt, da passt niemals so ein kleines feistes Stachelding durch.

Ganz schön interessant mein Fenster, was?

Kapitel 19 –Alter Falter!

Hui, letztens war wieder was los! Da war doch tatsächlich wieder ein ganz großer Falter bei uns im Gang. Das passiert momentan öfter. Weil es ja draußen bis spät in die Nacht so warm ist, sind in meinem Haus überall ganz lange noch die Fenster gekippt. Und wenn drinnen Licht brennt, kommt so Allerlei, was kreucht und fleucht zu mir herein um mich zu unterhalten und mit mir zu spielen. So sehe ich das jedenfalls.

Und der Ferkel hat dann den Falter mit mir gefangen. Also genauer gesagt ich hab ihm dabei geholfen den zu fangen. Wie immer musste ich erst total lange Bescheid geben, damit überhaupt mal einer merkte, dass hier was los ist. Ich wär schon ewig im Gang und hab gemaunzt. Dann kam endlich der Kobold und hat den riesigen Falter auch entdeckt. Der hat mich aber nicht erstmal unterstützt – typisch –, sondern den Ferkel geholt, der ist nämlich bei uns der Jagd-Beauftragte. Der ist dann mit mir auf dem Arm kreuz und quer durch den Gang gestiefelt. Dabei hat er mich immer in Deckennähe gehalten, damit ich auch schön an die Stellen rankomme, wo der Falter rumgeflogen ist. Aber der wollte sich partout nicht von mir fangen und verspeisen lassen und ist immer wieder entkommen.

Dann hat mich der Ferkel doch glatt wieder auf den Boden gesetzt. Da war ich dann noch aufgeregter, weil ich ja jetzt so weit weg war. Ich hab den Falter von unten angestarrt und mit riesen Augen angemaunzt.

Der Ferkel hat sich währenddessen eine Jage-Socke geholt. Denn ohne Hilfsmittel war unser Unternehmen ja noch nicht sehr erfolgreich. Hihi, das hat sein Rumgehampel noch viel lustiger gemacht. Damit hat er jetzt versucht den Falter aus der Luft zu mir runter zu schmeißen. Das Ganze war ohnehin schon so komisch und jetzt erst, als er mit dieser Stinkesocke immer wieder zu dem Falter gehauen hat. Das hätte der Kobold wirklich filmen müssen. Aber der hat nur in der Wohnzimmertüre gestanden und auch gelacht und gemeint „Gut, dass euch dabei jetzt keiner zuschaut."

Nach vielem Hin- und Her und unzähligem Daneben-Hauen hat es der Ferkel dann endlich geschafft den Falter zu mir zu bringen. Da hab ich sofort mit meinen Pfoten draufgepatscht, damit er mir nicht gleich wieder abhauen kann. Dann hab ich ihn genüsslich verspiesen.

Der hat sehr toll geschmeckt. Und gelobt worden bin ich auch ganz viel für diesen tollen Erfolg. Da war ich so stolz, dass ich ganz lange schnurren musste.

Ich muss schon sagen, ich kann jetzt schon auf sehr viele tolle Jagd-Erfolge zurückblicken. Wobei ich nicht verschweigen darf, dass ich hier und da etwas Hilfe vom Ferkel und vom Kobold habe.

Kapitel 20 –Fangen-Spielen

Uuuhhh, ich hab ein neues Spiel! Ich spiele Fangen mit dem Kobold.

Die letzte Zeit war es bei uns ja unglaublich heiß. Also durfte ich, solange jemand daheim war, den ganzen Tag raus in meinen Garten. Wobei diese Hitze sogar mir schon fast zu viel war. Ich versteckte mich dann immer unter meinem Lieblings-Gebüsch, da war es relativ kühl. Und ich ging immer wieder rein und legte mich auf den kalten Boden, zum abkühlen. Wir Katzen haben ja Schweißdrüsen nur an den Pfoten, somit können wir kaum schwitzen. Also müssen wir natürlich überschüssige Wärme anders loswerden. Das machen wir dann eben, indem wir uns auf kalte Flächen legen. Hunde hecheln z.B. unter anderem deswegen. Aber das ist eigentlich schon sehr gut so, denn stell dir vor, ich mit meinem hübschen Fell würde ganz viel schwitzen! Igitt, das würde ja aussehen…

Jedenfalls durfte ich da den ganzen Tag raus. Und wenn es abends endlich kühler wurde, wurde ich auch aktiver. Und da hab ich mir flugs ein neues Spiel ausgedacht: Fang den Kobold. Und der Kobold hat auch sehr brav mitgespielt. Der hat es eigentlich auch angefangen, als er mich mal geärgert hat. Ich hab wie so oft nichtsahnend im Garten gesessen, da kommt doch der freche Kobold leise von hinten zu mir her und quiekt mich in den Po. Ich hab mich dann fast ein bisschen erschrocken – aber nicht viel – ihn erst mal angegurrt und bin einen Meter von ihm weg gegangen. Gurren tu ich z. B. immer, wenn ich aufgeweckt oder etwas überrascht angefasst werde oder wenn ich mich einfach freue.

Und der Kobold hat gelacht. Dann ging er auf einmal in die Hocke, hob seine Hände, als wolle er kleine Bärentatzen machen, und kam ganz langsam immer weiter auf mich zu. Ich bin da natürlich gleich voll mit eingestiegen und hab meine Kampfmontur angelegt. Ich hab einen riiieeesen Buckel gemacht und mein Fell so aufgeplustert, dass ich mindestens gleich doppelt so groß aussah - das machen wir auch bei Feinden so, die meinen nämlich dann, wir sind wirklich größer und dann bekommen die Angst und lassen uns eher in Ruhe. Dann hab ich den Kobold ganz böse angesehen und bin auf ihn zugelaufen. Er gleich vor mir weggerannt und ich direkt hinterher. Immer noch aufgeplustert hab ich ihn dann quer durch den Garten gejagt und jetzt hat der Kobold gequiekt – hihi.

Das haben wir dann ein paar Mal gemacht. Manchmal ist der Kobold auch einfach an mir vorbeigeschlendert, als wolle er ganz wo anders hin und hat sich dann plötzlich zu mir gedreht. Da hab ich natürlich gleich wieder angefangen ihn zu jagen. Und er wieder quiekend davon. Das war ein Spaß sag ich dir! Ein paar Mal hab ich´s sogar geschafft seine Beinchen zu fangen, da hat er noch lauter gequiekt.

Danach haben wir dann ein bisschen geschmust und ich wurde gestreichelt. War eben doch nur alles Spaß. Aber er hätte sich ruhig mal ganz von mir fangen lassen können, dann hätte mir das Spiel wahrscheinlich noch besser gefallen. Vielleicht erwisch ich ihn ja beim nächsten Mal.

Ein paar Tage darauf hab ich mitbekommen, wie die Nachbars-Frau den Kobold fragte, ob er denn mit mir vor kurzem im Garten gespielt hätte. Sie war ja die Besitzerin von meinem ehemaligen Hunde-Kumpel Chico und meinte, mit ihm hätten sie auch oft fangen gespielt. Und der hat da offenbar auch sehr schön mitgemacht. Aber sie hätte nicht gedacht, dass man das mit einer Katze auch spielen könnte.

Jetzt weiß sie, dass das sehr schön mit Katzen auch geht. Jaja, man lernt eben nicht aus. Schon gleich gar nicht mit mir.

Kapitel 21 –Das Taubenkind

Das war wieder ein Riesending – huiuiui. Da war sogar der Kobold ganz schön aufgeregt.

Der Kobold war bei uns daheim wieder mal am Putzen. Und weil er da immer so eine Hektik und so einen Krach macht, geh ich dann lieber in meinen Garten und schau da nach dem Rechten. Und so gewöhnlich dieser Tag angefangen hat, so aufregend wurde er. Konnt ich doch tatsächlich wieder einen Jagderfolg verbuchen. Ich habe eine junge Taube gefangen! Der Kobold hat es natürlich wieder erst mitbekommen, als ich mit meiner Beute ins Schlafzimmer unters Bett gehuscht bin - das ist nämlich mein Beute-versteck-Platz.

Ich also unterm Bett gesessen und mein Vögelchen bewacht. Der Kobold kommt ins Schlafzimmer und sagt gleich „Oh je, Miezel! Was hat er denn da schon wieder gemacht?!" Der hat nämlich gleich die ganzen kleinen Federn gesehen, die bis unters Bett führten. Dann hat er mich mit dem Taubenkind gesehen und sich erst mal die Situation angeschaut. Und ich wusste schon wieder gar nicht mehr so recht, was ich denn jetzt mit dem Dingelchen machen soll. Und bewegt hat es sich auch nicht mehr, also wurde mir sowieso fad. Der Kobold hat dann das Vögelchen unterm Bett vorgeholt und sich angeschaut. Er meinte, es sieht nicht aus, als sei es verletzt und hätte eben nur ganz schön Angst. Er hat es mir dann weggenommen, was ich aber gar nicht so schlimm fand, wie gesagt mir wurde eh langweilig. Das spannendste, nämlich die Jagd, hatte ich ja schon hinter mir. Ich also gelobt worden und zufrieden wieder in meinen Garten spaziert.

Der Kobold hat sich dann drinnen noch um das Täubchen gekümmert. Da er ja eine Ausbildung zur Tierheilpraktikerin macht, hat er auch allerlei Arzneien daheim. Da hat er gleich was in Wasser aufgelöst und das dann mit einer Spritze, natürlich ohne Nadel, in das Schnäbelchen geträufelt. Dann hat er eine Schachtel mit einem Handtuch ausgelegt und als ich reingeholt wurde, hat er sie in den Garten unter den Baum gestellt, von dem er dachte, dass das Vögelchen da vielleicht aus dem Nest gefallen sein könnte. Denn es heißt ja, dass junge Vögel mit viel Glück am Boden von den Eltern weitergefüttert werden.

Von drinnen haben wir dann die Schachtel beobachten. Nach ca. 10 Minuten hat das erstarrte Kleine dann sein Köpfchen gehoben und neugierig umhergeschaut. Kurze Zeit darauf, als es gemerkt hat, dass keine Gefahr droht, ist es dann aus der Schachtel gehüpft und durch den Garten davongestapft.

Wir hoffen sehr, dass es sich auch wieder erholt hat. Wir haben es jedenfalls dann nicht mehr gesehen.

Kapitel 22 – Ich habe einen Freund und Taubenkind II

Wenn du denkst, die Geschichte mit dem ersten Taubenkind wäre nicht schon aufregend genug gewesen, warte, bis du das hier hörst. Ich habe einen Miezel-Freund! Ja wirklich! Ist das nicht toll? Das ist ein ganz junger Kater, der seit einigen Tagen bei uns in der Nachbarschaft aufgetaucht ist. Er ist mich schon ein paar Mal in meinem Garten besuchen gekommen, das war vielleicht spannend. Und ich weiß ehrlichgesagt auch bis heute noch nicht so ganz, was ich davon halten soll. Der Kobold wusste es auch nicht so recht und hat schon immer sehr auf mich aufgepasst. Vor allem auch, weil er und der Ferkel sich Sorgen machen, ich würde mir das abschauen, dass der immer über unseren Zaun hüpft, wie er will und ich dann auch mal ausbüchse.

Und letztens hat ihn der Kobold auch mal vom Garten verjagt, weil er dachte, der andere Kater würde mich angreifen. Und mit meiner Verteidigung glaub ich sieht's koordinationstechnisch auch nicht so besonders aus. Aber gestern haben uns der Ferkel und der Kobold ganz lange vom Küchenfenster aus beobachtet. Da war mein Miezel-Freund nämlich ganz lange da. Und er hat sich ein paar mal hinter der Holzscheune oder dem Apfelbaum versteckt. Ganz geduckt hat er dann gewartet, bis ich komme und ist dann wie aus dem nichts zu mir hergesprungen und auf mich zugelaufen. Aber bevor er bei mir war, hat er einen Haken geschlagen und ist gleich wieder ein paar Meter zurückgelaufen. Ich hab´s ja gleich gewusst - der will nur ein bisschen mit mir spielen.

Aber ganz geheuer ist mir die ganze Sache dann doch nicht. Wenn der Kater vor mir wegläuft, fühl ich mich immer ganz stark. Ich lauf ihm dann immer ganz schnell hinterher, als wüsste ich ganz genau, dass ich hier der Chef bin und er jetzt von mir gejagt wird. Aber wenn er dann kehrt macht und so frontal auf mich zuläuft, fürchte ich mich dann doch ein bisschen und trete lieber doch den Rückzug an. Aber natürlich nur ein Stück, denn wirklich angegriffen hat der verspielte Kater ja noch nicht.

Interessant fanden meine Menschen es auch, dass ich die Duftmarken des Katerchens wie von einer unsichtbaren Schnur geführt, ganz genau nachverfolgen konnte. Katzen markieren nämlich ihr Revier durch ihren ganz eigenen Duft. Das machen sie z.B. durch das Harnmarkieren, d.h. sie pieseln einfach wo dagegen, was andere Katzen dann natürlich riechen. Aber leider auch Menschen, warum uns viele schimpfen. Unkastrierte Kater riechen hier am schlimmsten oder für uns Katzen am interessantesten. Aber auch durch das Reiben mit den Wangen und das Krallenwetzen können wir Duftmarken hinterlassen. Das kannst du zu Hause z. B. beobachten, wenn deine Katze ihre Wangen gegen etwas Neues im Haus reibt, wie ein neues Möbelstück oder auch nur der Einkaufskorb mit den neuen Sachen. Das heißt dann in Katzensprache soviel wie „das ist jetzt von mir markiert, somit gehört es jetzt zu uns".

Aber zurück zum Nachbarskater. Der hat nämlich in meinem Garten auch ganz frech markiert. Erst hat er seine Bäckchen an meiner Holzscheune gerieben und dann hat er doch tatsächlich seine Krallen an meinem zweitliebsten Liege-Busch gewetzt. Und ich bin seinen Weg nachher genau in der gleichen Reihenfolge abgegangen, wie er es beim Markieren gemacht hat. Wir können das nämlich sehr gut riechen und teilen uns weit mehr damit mit, als nur, dass wir da waren. Wir wissen dadurch z. B. auch, ob sich eine hübsche Katzendame Kinder mit uns vorstellen könnte und in welcher Laune sie gerade ist. Nicht schlecht, oder? Das könnt ihr nicht. Aber ich hab schon mitbekommen, dass Menschen ihre Ausscheidungen gar nicht so interessant finden, daher wollt ihr das wahrscheinlich lieber auch gar nicht können, hihi.

Ach ja, das mit dem zweiten Taubenkind hab ich ja noch gar nicht erzählt. War also mein Kumpel da. Der Kobold hat uns wieder mal vom Küchenfenster aus zugeschaut. Und der hat sich schon die ganze Zeit gewundert, warum er immer im Apfelbaum rumsteigt. Ein bisschen Leid tat ich ihm dann auch wieder, weil ich unter dem Baum gesessen bin und dem Kater vom Boden aus nach oben immer nachgeschaut habe. Weil ich ja leider nicht klettern kann. Aber ich fand´s trotzdem interessant ihn dort oben zu beobachten.

Irgendwann hat der Kobold dann gemerkt, warum mein Kumpel da im Baum war. Es war tatsächlich noch ein bewohntes Taubennest ganz hoch oben drin. Der Nachbars-Kater also einen Satz gemacht, ins Nest gesprungen, die Taubenmama weggeflogen und das Taubenkind abgestürzt. Ich am Boden auf das Taubenkind, der Kobold neben mir, auch auf dem Boden, auf mich drauf und mir ganz schnell das Vogelkind weggenommen. Der Katerfreund im Baum doof geschaut und sich nicht recht ausgekannt. Ich vor dem Kobold, auch doof geschaut, weil ich ja den Vogel haben wollte. Und der Kobold mittendrin erst recht doof geschaut, weil er jetzt gar nicht wusste, was er schon wieder mit einem Taubenkind zu Hause soll. Huiui, was für ein Tohuwabohu!

Geht also der Kobold mit dem zweiten Taubenkind eine Schachtel holen und wieder ins Haus hinein. Ich hab dann meinen Kumpel angesehen und wir haben dann beschlossen, dass das heute nix mehr wird mit unserem Vogel-Snack.

Und drinnen wurde sich wieder um das zweite Kind gekümmert. Wieder wie letztens – Arzneien in Wasser auflösen und mit einer Spritze ohne Nadel in das Schnäbelchen gespritzt. Kobold immer noch doof, wusste dann auch nicht mehr weiter, hat dem Kindchen eine Wärmflasche gekocht und ihn dann in ein Handtuch eingewickelt mit selbiger wieder unter den Apfelbaum gehockt. Am nächsten Tag, als ich wieder in den Garten durfte konnte er dann nach kurzer Zeit beobachten, dass ich das Taubenkind sehr wohl wieder gefunden hatte. Ich also das Taubenkind gejagt und mich der Kobold wieder gejagt und es mir wieder weggenommen. Oh Mann, das ist schon frustrierend...

Auf ein Neues hat er dann wieder eine Schachtel gebastelt, in die er das Vögelchen nachts raus in den Garten gebracht hat. Diesmal mit einem kleinen Schälchen Wasser und einem anderen mit Brot- und Semmelbröseln. Gut.

Wie sollte es auch anders sein, geh ich am nächsten Tag in meinen Garten und finde das Kind sogar noch schneller als am Vortag – diesmal am ganz anderen Ende des Zauns. Aber weil es sich wieder ganz still gehalten und nicht bewegt hat, war mein Interesse von vorneherein nicht sehr groß. Lediglich der Kobold hat wieder mit ihm gespielt. Ich glaub langsam, dem macht das viel mehr Spaß als mir. Hat er mir das Taubenkind also zum dritten Mal gestohlen und nach drinnen gebracht. Diesmal wollte er es aber nicht wieder rausbringen, da es ja jetzt schon der dritte Tag gewesen wäre und die Nächte werden auch langsam kalt.

Der Kobold hat dann schließlich im Tierheim angerufen und eine Nummer bekommen von einem Herren, der sich offensichtlich sehr gut mit Tauben auskennt. Anscheinend hat der sogar selber welche daheim. Der hat uns dann auch erzählt, dass Tauben ihre Kinder nicht am Boden weiterfüttern, wie es z. B. Amseln tun. Also hätte das mit dem dahin bringen, wo es aus dem Nest gefallen war, auch gar nichts gebracht. Der nette Herr hat auch gesagt, er holt das Vögelchen ab und kümmert sich darum. Da war der Kobold schon sehr froh, denn er weiß über die Aufzucht von Vögeln nicht sehr gut Bescheid.

Der Ferkel hat ihm Gott sei Dank beim Füttern ein bisschen helfen können. Der hat nämlich sowieso einen Vogel – hihi – nein, der hatte mal einen Vogel, genauer gesagt einen Wellensittich. Und von daher weiß er über Vögel mehr als der Kobold und ich. Seinen Wellensittich hat der Ferkel sogar mit der Flasche aufgezogen. Der durfte auch frei im Zimmer rumfliegen, weil er so zahm und brav war. Außerdem hat er es geliebt, am Hals gestreichelt zu werden. Das mochte er so gerne, dass er dabei oft eingeschlafen ist. Und reden konnte er offensichtlich auch noch, meinte der Ferkel. Aber das sei schon ganz schön lange her. Da war der Ferkel noch fast ein kleiner Frischling.

Und, hab ich zu viel versprochen? Das war doch alles wahnsinnig aufregend, oder?

Für mich sind solche Tage sogar immer so spannend, dass ich am Abend nicht mal mehr viel spielen will. Ich bin dann so erschöpft, dass ich ganz schnell auf die Couch komme, noch ein bisschen schmuse und dann ganz bald einschlafe.

Uääähhhh…. Ein Miezel-Leben ist schon anstrengend sag ich dir. Gute Nacht.

Kapitel 23 – Die Stachelkugel

Ich weiß ja nicht, wie es bei dir aussieht, aber bei uns ist jetzt gerade total Winter angesagt. Es ist ganz schön kalt draußen. Und was noch viel schlimmer ist: auch nass.

Da lob ich es mir dass der Ferkel drinnen immer schön für mich einheizt. Von unserem tollen Schwedenofen, bei dem man das Feuer durch eine Scheibe ganz toll beobachten kann, hab ich dir ja schon erzählt. Und momentan lieg ich immer ganz, ganz nah davor. Euch Menschen wär das bestimmt zu heiß, aber ich lass mir da schön meinen Miezel-Po wärmen. Ab und zu wende ich mich auch mal, damit ich nicht auf einer Seite zu durch bin. Manchmal stellen mir der Ferkel oder der Kobold mein Körbchen direkt davor, da lässt es sich vielleicht gemütlich schlafen sag ich dir! Da ist es im Wohnzimmer dann immer so gemütlich, dass ich nicht mal in der Nacht zum Schlafen in das große Bett komme.

Aber ich wollte dir ja was ganz anderes erzählen… Moment… Ah ja, in der Überschrift steht´s ja eh noch – hihi. Genau, wir hatten nämlich vor Kurzem einen äußerst merkwürdigen Untermieter. Sowas hab ich noch nie gesehen. Der war relativ klein und vor allem dick, hatte kleine, kurze Füßchen, eine recht lange, schwarze Nase, kleine, schwarze Knopfaugen und lauter Pieke-Stacheln am Rücken. Ich ließ mir dann erklären, dass das ein Igel ist und Igel immer einen Pieke-Rücken haben. Ganz schön merkwürdig. Was macht der denn dann, wenn´s ihn am Rücken juckt? Da kommt der doch selber gar nicht mehr durch zum Kratzen? Was es nicht alles gibt... Aber erst mal ganz von vorne.

Der Kobold war wieder mal am in der Wohnung Krach machen. Das macht er immer einmal in der Woche, da werden alle meine schönen Spielsachen vom Boden aufgesammelt und auf einen Haufen geschmissen. Alle Teppiche werden draußen rumgewirbelt und alles was rumliegt wo anders hingelegt. Und weil das noch nicht schlimm genug ist, fährt der Kobold dann mit einem schrecklichen Tose-Gerät in der Wohnung spazieren. Vorne schiebt er so ein Rohr vor sich her und das furchtbar laute Ungetüm fährt hinter ihm her. Wenn es nicht in der Wohnung spazieren fährt, ist es ganz leise und bewegt sich gar nicht. Aber ich bin auch dann ganz vorsichtig und gehe ganz langsam und aufmerksam drauf vorbei.

Hat also der Kobold wieder mal Kracht gemacht. Als wir dann am Schlafzimmerfenster zusammen raus gesehen haben, haben wir unseren Nachbarn gesehen, der fuhr mit dem Auto vorbei. Auf einmal ist er aber ganz langsam geworden, direkt vor uns und dann hat er ganz angehalten. Das kam uns schon merkwürdig vor. Wir dachten, er will vielleicht was von uns, aber dann sahen wir, dass genau vor seinem Auto eine kleine Stachelkugel über die Straße in seinen Garten lief. Was schon komisch war, denn es war Vormittag und der Winter hatte schon fast angefangen.

Aber der Kobold weiß, dass man wilde Tiere nicht sofort einfach aufsammelt, also haben wir die Kugel noch einige Zeit beobachtet. Aber auch nach 2 Stunden saß das Stachelding immer noch im Nachbargarten und hatte sich kaum bewegt. Es schien, als suchte sie immer nur in einem kleinen Bereich nach irgendetwas. Also ging der Kobold dann doch zu den Nachbarn und fragte, ob er die Kugel einsammeln dürfe. Die sagten netterweise auch gleich ja und meinten, sie hätten ihn auch schon bemerkt. Aber da in ihrem hinteren Garten immer Igel über den Winter wohnen, hatten sie sich noch nichts weiter gedacht. Wurde also der Igel eingesammelt und nach Hause gebracht. Zu mir. Ich fand das aber gar nicht so aufregend, wie der Kobold. Ich hab zwar kurz in die Kiste reingeschnuppert, aber mein Interesse galt dann wieder wichtigeren Dingen, wie meine Runden im Garten drehen und mein Spielzeug suchen, das mir versteckt wurde.

Weil der Kobold mit Igeln ja auch nicht die große Erfahrung hat und auch noch nie einen zu Hause hatte, wusste er jetzt erst mal nicht so richtig was damit anzufangen. Die Ferkels-Mama hat fast jedes Jahr einen kleinen Igel über den Winter und von der wussten wir zumindest schon mal, dass wir ihn wiegen sollten. Denn kleine Igel brauchen ein bestimmtes Gewicht, damit sie in den Winterschlaf fallen und die kalte Jahreszeit alleine überstehen können. Sie müssen mindestens 500 bis 600 Gramm wiegen. Unser Igelchen hatte tatsächlich nur 294 Gramm, also viel zu wenig.

Der Kobold hat dann einfach mal im Tierheim angerufen, ob die jemand wissen, der uns weiterhelfen kann. Wussten die natürlich und haben uns gleich die Telefonnummer von einer Igelstation in unserer Nähe gegeben.

Die Frau von der Igelstation hat jedes Jahr sehr, sehr viele Igel zu versorgen. Und die macht das alles ganz freiwillig und ganz alleine. Die hat uns dann viele Tipps gegeben und erklärt, wie das bei ihrer

Station so abläuft. Sie nimmt den Igel für ca. 10 Tage, päppelt ihn auf und versorgt ihn medizinisch. Dann muss man ihn aber wieder abholen, denn ihr Platz ist sehr begrenzt. Der Stachel-Kollege muss dann noch so lange daheim weiter gefüttert werden, bis er sein Idealgewicht erreicht hat und anzeigt, dass er jetzt schlafen will. Dafür haben wir von der Station noch ein Winterschlaf-Häuschen mitbekommen. Im Idealfall schläft er dann bis zum Frühjahr. Dann kann man ihn wieder aussetzen, am besten da, wo man ihn gefunden hat. Schön finden die es auch, wenn sie noch ein paar Tage weitergefüttert werden, wenn sie wieder frei sind.

Tja, aber weil ja bei uns nichts normal läuft, kamen wir gar nicht so weit, dass er im Frühjahr in die Freiheit entlassen werden kann. Wir kamen nicht mal bis zum Winterschlaf.

Der Igel war zu erst in großen Schachteln bei uns im Speicher, weil's da nicht so kalt ist. Als er dann schon ein bisschen dicker geworden ist, wurde er in den Schuppen draußen im Garten gebracht. Der Kobold ist ja jeden Tag zweimal hingegangen, zum Saubermachen und zum Füttern. Meine Güte, Igel sind ganz schöne Ferkel sag ich dir. Dass so kleine Tiere so einen Dreck machen können! Außerdem hat der regelmäßig sein Wasserschüsselchen ausgeschüttet.

Und dann war der ganze Karton nass. Dagegen bin ich ja der reinste Saubermann.

Jedenfalls ging das einige Wochen recht gut. Und um Weihnachten rum, geht der Kobold wieder raus und was muss er da sehen? Hat sich doch der Igel tatsächlich in der Ecke durch den Karton gefressen. Ein richtig schönes kleines Ausbüchs-Loch. Glaubst du das? Oh Mann, dachte der Kobold, das wird jetzt lustig, den zu finden. Dazu musst du noch wissen, dass der Schuppen zwar nicht all zu groß ist, aber über den Winter wird da sehr viel reingeräumt. Wieder ein bisschen im Tetris-System. Überall, wo noch ein kleines Lückelchen ist, wird was reingestopft. Das heißt der Schuppen war voll mit vielen, vielen, kleinen, lustigen Sachen. Und das an Weihnachten, wo so viel vorzubereiten war – aber wann auch sonst?

Der Kobold hat dann ganz geschickt die Igel-Suchaktion an den Ferkel und den Nachbarn weiterdelegiert. Ganz schön clever, nicht? Die haben das auch ganz erfolgreich gemacht. Sie haben einige Sachen rausgeräumt und den Ausreißer auch bald gefunden.

Er hat es sich in einer Papiertüte, wo der Kobold Wurzeln und Samen von Blumen aufbewahrt, gemütlich gemacht. Hat sich da Seelenruhig eingekugelt und wahrscheinlich gar nicht verstanden, was der ganze Wirbel soll.

Jetzt war die Überlegung, ob man die kaputten Schachteln einfach flicken soll oder den Igel vielleicht doch draußen ein Häuschen baut. Offensichtlich hat es ihm in den Schachteln auch gar nicht so gut gefallen. Vielleicht waren sie doch zu klein?

Haben wir also draußen was für die Kugel vorbereitet. Wie gesagt, er hatte ja schon schön zugenommen und es war noch recht mild für die Jahreszeit. Neben seiner Unterkunft hat er dann noch eine Zeit weiterhin sein Futter und Wasser danebengestellt bekommen.

Möchte wissen, was aus dem geworden ist. Ich hoffe, er hat alles gut überstanden und wir haben ihn nicht zu früh rausgeschmissen...

Was der Kobold offensichtlich auch sehr interessant fand war meine Reaktion auf das Igelfutter.

Der Igel hat ja Dosen-Katzenfutter bekommen. Und ich werde ja seit einigen Jahren gebarft. Als er den Igel wieder mal gefüttert hat, stand eine der offenen Dosen am Boden und ich musste natürlich nachschauen gehen, ob er alles richtig macht. Der Kobold beobachtete mich ganz aufmerksam.

Ich geh also zu der Dose mit dem Katzenfutter. Gaaanz vorsichtig und langsam. Dass mein empfindliches Näschen ja nicht den Rand berührt. Als ich ganz nah dran war, bin ich aber gleich wieder zurückgewichen und hab meinen Kopf eingezogen. Ich hab kurz geschleckt, hab mich umgedreht und bin gegangen. Bäh, das ist ja was Ekliges. Hat ganz schön gestunken, finde ich. Der Kobold meinte, wenn Katzen ihre Nasen rümpfen können, dann hab ich das gemacht. Gott sei Dank wird mir das nicht vorgesetzt.

Der Kobold hat sich dann gefreut, dass mir mein Futter offensichtlich so gut bekommt und ich den Unterschied zwischen gutem, frischem und kaputtgekochtem, künstlichem Futter offensichtlich wieder gelernt habe.

Das hört man tatsächlich von vielen gebarften Tieren. Wenn diese wieder ein Standard-Fertigfutter vorgesetzt bekommen schauen sie einen an, als wollen sie sagen: „Was soll ich denn damit? Wo ist mein Essen?"

Auf jeden Fall war das mit der Stachelkugel wieder eine spannende Aktion. Vor allem das ausräumen vom Schuppen fand ich sehr interessant. Was da so alles reinpasst!

Zusatz-Kapitel –Über die Ataxie

Jetzt möchten der Kobold und ich dir noch ein bisschen mehr über meine Krankheit selber erzählen. Wir finden es äußerst wichtig, möglichst vielen Leuten mehr über dieses Thema näher zu bringen. Viele wissen ja noch gar nicht, dass es so etwas wie eine Ataxie überhaupt gibt.

Leider war und ist es so, dass ganz viele Kätzchen einfach eingeschläfert werden, weil die Leute nicht wissen, was ihnen fehlt, wenn sie so wackeln und am Anfang nicht richtig laufen können. Die meinen dann, dass sie bestimmt ganz schrecklich und unheilbar krank wären. Und die meisten wissen leider auch nicht, dass die Ausprägung der Ataxie oft mit dem größer und stärker werden, viel, viel besser wird, ja manchmal sogar fast verschwindet. Darum also hier die wichtigsten Sachen über meine Krankheit.

Sollte etwas fehlen oder solltest du Fragen haben, die hier nicht beantwortet werden, stehen dir der Kobold und ich sehr gerne persönlich zur Verfügung. Auf meiner hübschen Website findest du unsere Kontaktdaten.

Wir freuen uns selbstverständlich auch über Lob, wenn ihr das unbedingt loswerden wollt =)

Grundlegendes

Der Begriff Ataxie kommt vom altgriechischen Wort „ataxia" und bedeutet übersetzt so viel wie „Unordnung, Unregelmäßigkeit", was ja schon mal sehr passend ist, wenn man uns so ansieht.

Ataxie beschreibt eine Gruppe von Krankheiten, bei denen die Bewegungskoordination und Haltungsinnervation gestört ist. Mit Innervation ist die Versorgung von Organen, Körperteilen oder Geweben mit Nervenzellen und Nervenfasern gemeint. Ohne diese Versorgung könnten keinerlei Körpervorgänge gesteuert werden, wie die Verdauung oder unsere Atmung, willkürliche Bewegungen schon gar nicht.

Eine Ataxie äußert sich somit in unkontrollierten und/oder überschüssigen Bewegungen. Man spricht von Gruppen von Krankheiten, da eine Ataxie sehr viele verschiedene Ursachen, Erscheinungsformen und Ausprägungen haben kann.

Das ist wie mit einer Erkältung. Erkältung ist hier der Oberbegriff, aber jeder kann andere Symptome haben. Der eine hat Schnupfen, der andere Husten und wieder ein anderer Halsschmerzen. So ist das hier auch.

Im Klartext heißt das nun also: Ist die Koordination oder die Versorgung mit Nervengewebe irgendwo gestört, wackelt der Miezel und trampelt wie ein Elefant.

Aber, wie schon mal irgendwo in meinem lustigen Büchlein erwähnt, gibt es die Ataxie auch bei anderen Tieren, wie Hunden oder Pferden und sogar bei euch Menschen.

<u>Die Ataxie kann man nochmal grob in verschiedene Kategorien unterteilen:</u>

1. Nach der Ursache, also warum die Krankheit überhaupt auftritt, z. B. weil man damit geboren wurde, einen Unfall oder eine Krankheit hatte.

2. Nach dem betroffenen Abschnitt des Nervensystems, also ob das Gehirn oder die Wirbelsäule geschädigt ist.

3. Nach der betroffenen Bewegung, hier unterscheidet man z.B. eine Standataxie, bei der man im Stehen wackelt, eine Gangataxie, bei der man beim Gehen unsicher ist oder schwankt, einer Rumpfataxie, bei der man schon beim normalen Sitzen wackelt oder aber eine sogenannte Zeigeataxie, bei der man wackelt, wenn man auf etwas zeigen möchte.

Ursachen

Es gibt sehr viele, unterschiedliche Ursachen für eine Ataxie. Meist wird sie durch Verletzungen oder Erkrankungen ausgelöst, die Teile des Nervensystems schädigen, die wir für die Steuerung unserer Bewegungen brauchen. Sind diese Teile dann geschädigt, können die Bewegungen natürlich von unserem Gehirn nicht mehr richtig oder im schlimmsten Fall sogar gar nicht mehr steuern. Dadurch haben betroffene Tiere große Probleme mit zielgerichteten Bewegungen. Oder ihr Gleichgewicht ist gestört, wodurch sie beim Gehen schwanken oder womöglich ganz umfallen.

Die Ursachen einer Ataxie liegen im Nervensystem. Und zwar im zentralen, dazu zählen Gehirn und Wirbelsäule, oder im peripheren, hierzu gehören z. B. die Muskulatur und die Sinnesorgane. Die Beschwerden können bereits angeboren sein, durch Krankheit oder Ansteckung entstehen. Sie können aber auch im Laufe des Lebens aus den verschiedensten anderen Gründen ausgelöst werden. Zu erwähnen wären hier zum Beispiel Verletzungen, die sich Tiere zuziehen können.

Formen

Kleinhirnataxie
(Cerebelläre Ataxie; Cerebellum = Kleinhirn)

Vor allem bei Katzen liegt die Ursache oft in Erkrankungen oder Schädigungen des Kleinhirns. Das Kleinhirn ist sozusagen die Hauptschaltstelle für unsere Koordination und die Feinabstimmung von Bewegungen. Es steuert Informationen des Gleichgewichtsorgans im Ohr und sämtliche Eindrücke der Sinnesorgane und setzt diese in gezielte Bewegungen um. Man könnte also sagen, was z. B. unsere Augen sehen, petzen sie dem Kleinhirn und das befiehlt unseren Muskeln, sich entsprechend zu bewegen. Im Klartext heißt das also: wenn ich ein Dreamie sehe, sagen meine Augen „He, Kleinhirn, sag den Muskeln meiner Beinchen ganz, ganz schnell ich will zu dem Leckerli gehen!" Und dann macht das Kleinhirn das braverweise, damit meine Augen und zum Schluss auch mein Bauch zufrieden sind. Das ist im Grunde echt eine Wahnsinnssache. Und das alles geht mit einer solchen Wahnsinnsgeschwindigkeit, dass wir das gar nicht bewusst merken und darüber nicht mal nachdenken müssen. Hat sich unser Körper geschickt ausgetüftelt, was?

Wenn also jetzt im Kleinhirn was nicht passt, kommt es zu den typischen Bewegungsformen der Kleinhirnataxie. Typisch sind hier Haltungs- und Gangstörungen. Die Tiere gehen und stehen oft ganz breitbeinig, weil sie dann stabiler sind. Stehen ihre Füße nah parallel nebeneinander, können sie nur ganz schwer stehenbleiben. Sie laufen oft steif und abgehakt, wie ein Soldat. Die Bewegungen sind oft wackelig und schwankend, sie wirken unsicher und unkoordiniert. Stolpern und häufiges Hinfallen sind leider an der Tagesordnung.

Wackelkatzen können außerdem Entfernungen und Geschwindigkeiten nicht richtig einschätzen, wofür es natürlich auch wieder einen tollen, medizinischen Fachbegriff gibt, nämlich Dysmetrie *(wieder mal aus dem Griechischen von „dys" für „falsch" und „metrein" für „messen")*. Daher platsche ich manchmal mit meinem Po wieder auf den Boden, wenn ich auf die Couch springen will und nur meine Vorderpfoten landen auf den Polstern. Oder ich springe an einem Ball vorbei, den man mir zurollt.

Manche Tiere haben auch einen sogenannten Tremor, das heißt, manche Muskeln zittern ständig, am häufigsten bemerkt man das am Kopf. Oder es bewegen sich die Augen ständig hin und her, das bezeichnet man als Nystagmus der Augen.

Aber das hört sich jetzt alles schlimmer an, als es in der Regel wirklich ist.

Spinale oder Sensible Ataxie

Die zweite große Gruppe ist die Spinale oder auch Sensible Ataxie. Hier sind Rückenmark oder Rückenmarksnerven im Halsbereich geschädigt. Diese Nerven sind mitunter zuständig für die Erkennung der Hände, Füße und aller anderen Körperteile, damit ich also immer weiß, dass das gerade meine Pfoten sind und nicht die vom Ferkel oder vom Kobold.

Manchmal funktioniert auch das Zusammenspiel der Gehirnteile nicht so richtig, die dem Körper sagen, wo sich gerade welcher Fuß befindet. Denn wenn ich nicht weiß, wo meine rechte Vorderpfote ist, weiß ich auch nicht, wie ich sie richtig und gezielt bewege und würde vielleicht einfach meine linke Hinterpfote vorstrecken, obwohl ich die grade gar nicht gebrauchen kann. Funktioniert also diese Teamarbeit nicht, erhält das Gehirn auch nicht die richtigen Informationen von den Muskeln und Gelenken über das Rückenmark und erzählt so z. B. den Pfoten einen ganz schönen Käse. Das ist ein bisschen wie stille Post spielen, da kommt ja zum Schluss auch oft ein ganz schöner Wirr-Warr raus. Die Muskeln und Gelenke flüstern dem Rückenmark etwas zu, das wiederum den Nerven, die Nerven dann dem einen Gehirnteil und bei den Gehirnteilen untereinander ist schon totaler Stille-Post-Quatsch angesagt. Zum Schluss weiß eigentlich gar keiner mehr, was die Muskeln und Gelenke eigentlich sagen wollten und alle machen, was sie wollen.

Es treten mitunter dieselben Symptome auf, wie bei der Kleinhirnataxie. Interessanterweise können jedoch die Bewegungsstörungen bei der spinalen Ataxie durch die Augen korrigiert werden.

Bei mir fällt zum Beispiel auf, dass ich fast immer umfalle, wenn ich meine Augen schließe, etwa wenn ich meinen Kopf schütteln muss oder niese. Aber ich stabilisierte mich sofort, wenn ich sie wieder aufmache und sehen kann. Deshalb vermutet der Kobold, dass ich wahrscheinlich eine Spinale Ataxie habe. Und weil ich, als ich vom Tierheim geholt wurde, am Schwanzansatz eine ganz verfilzte Stelle hatte – ich glaub das hab ich dir in diesem Buch auch schon mal erzählt, oder? – und bei mir äußert sich die gestörte Bewegung ja auch am stärksten an den Hinterbeinen und dem Po. Das lässt vermuten, dass ich da mal eine schlimme Verletzung hatte, wodurch meine Wirbelsäule dort einen Schaden genommen hat.

Durch die verschiedenen Probleme bei der bereits genannten Teamarbeit von Muskeln und Nerven sind betroffene Tiere auch häufig sehr schwach, Muskeln können nur schwer aufgebaut und gestärkt werden.

Die häufigsten Auslöser einer sensorischen Ataxie, sind Unfälle, bei denen das Rückenmark verletzt odergequetscht wird. Aber auch degenerative Erkrankungen, die mit Deformationen der Wirbelsäule einhergehen sind oft ursächlich. Am empfindlichsten und damit auch am häufigsten betroffen sind hier die sogenannten Hinterstrangbahnen. Das sind die Nervenbahnen des Rückenmarks, die sehr nah an der Hautoberfläche liegen und somit auch einen recht geringen Schutz nach außen hin haben.

LabyrinthäreAtaxie
(zum Labyrinth des Innenohres gehörig) **oder auch Vestibuläre Ataxie**
(vestibulär = das Gleichgewichtsorgan betreffend)

Die dritte große Gruppe der Ataxieformen ist die Labyrinthäre Ataxie. Hier sind Erkrankungen und Schädigungen des Gleichgewichtsorgans, das im Innenohr sitzt, der Auslöser. Oder der Nerven, die dieses Organ mit dem Gehirn verbinden. Ohne das Vestibular-Organ hätten wir keinerlei Kontrolle über unser Gleichgewicht. Es arbeitet wieder eng mit dem Kleinhirn zusammen. Wie du siehst, ist das Kleinhirn bei sämtlichen Bewegungen sehr beliebt. Wäre es ein Tier, wäre es bestimmt das Alpha-Tier der Koordination und Bewegung – hihi.

Bei dieser Ataxieform tritt der Nystagmus, den wir ja jetzt schon kennen, oft auf und der Kopf wird häufig ganz schief gehalten. Betroffene Katzen zeigen oft die sogenannte „Manegebewegung", das heißt sie haben Probleme mit dem geradeaus laufen und bewegen sich nur noch im Kreis. Sie fallen oft zu einer Seite um und erbrechen häufig. Du kennst dieses Gefühl sicher vom Karussell fahren. Wenn man hier zu lang immer nur im Kreis fährt, wird einem auch schlecht und man übergibt sich irgendwann vielleicht sogar. Für betroffene Tiere fühlt es sich immer an, als würden sie im Karussell fahren.

Es ist also schon eine schlimmere Variante der Erkrankung. Hier muss man auf jeden Fall erst mal ganz schnell zum Tierarzt gehen! Es ist nämlich auch möglich, dass sich das Krankheitsbild noch nicht unheilbar festgesetzt hat, sondern „nur" eine starke Innenohrentzündung oder etwas Ähnliches vorliegt. Hier kann man ggf. mit Medikamenten noch entgegenwirken. Also unbedingt bald mit einem Tierarzt sprechen um Schlimmeres evtl. zu verhindern.

Sonstige Ataxie-Formen

Natürlich gibt es noch einige weitere Ataxien, wie z. B. die Zerebrale Ataxie *(aus dem Lateinischen von „cerebrum" für das Gehirn oder Großhirn betreffend)*, bei denen Schäden oder Defekte des Großhirns ursächlich sind.

Oder die Hereditäre Ataxie *(ebenfalls aus dem Lateinischen von „hereditas" für Vererbung)*, bei der Missbildungen oder Erkrankungen vererbt werden.

Die Diagnose

Wo genau die jeweilige Schädigung des Nervensystems liegt, lässt sich durch die entsprechenden Bewegungen einer erkrankten Katze erkennen. Es ist nicht immer leicht, die vielen verschiedenen Formen voneinander zu unterscheiden. Aber jede Schädigung führt zu ganz eigenen, typischen Bewegungsmustern, die erfahrene Leute oft recht gut erkennen und entsprechend interpretieren können. Wichtig ist hier, dass sich der behandelnde Arzt gut mit den Krankheitsbildern auskennt und das Tier ausreichend untersucht. Er sollte dann ggf. die Ursache und Schwere der Schädigungen einschätzen können.

Wie bei anderen Krankheiten auch, gibt es verschiedene Methoden für die Untersuchung der Ataxie. Neben verschiedenen bildgebenden Verfahren, wie Röntgen, Magnetresonanz- oder Computertomographie kann man auch den Urin oder das Blut zur Diagnose hinzuziehen. Darin kann man zum Beispiel bestimmte Krankheitserreger erkennen.

Meist liefert einem schon eine kleine Geschichtsstunde genügend Informationen, um bestimmte Ursachen auszumachen. Hier ist vor allem wichtig, was mit dem erkrankten Tier los war, als es noch ein Welpe war. War seine Mutter krank oder bestimmten schädlichen Stoffen oder gar Giften ausgesetzt? Waren vielleicht sogar Medikamente oder Impfungen der

Auslöser? Auch Unfälle oder Misshandlungen sind leider eine häufige Ursache von Schäden.

Man sollte auch bedenken, dass Untersuchungen und Arztbesuche immer großen Stress für das Tier bedeuten. Ataxie-Patienten sind meist noch ängstlicher und sensibler, als ihre gesunden Genossen. Am Besten versucht man vorher einiges telefonisch mit dem Tierarzt abzuklären, wenn das möglich ist. Man sollte auch überlegen, ob das Krankheitsbild überhaupt eine Therapie erfordert. Leider sind die meisten Ataxie-Formen nicht heilbar. Daher sollte man das Für und Wider gut abwägen.

Die Prognose

Die Prognose der Ataxie variiert je nach Ursache und Ausprägung sehr stark. Obwohl es viele schwere und unheilbare Auslöser für eine Ataxie gibt, treten häufig Krankheitsformen auf, die trotzdem eine sehr gute Lebensqualität der betroffenen Katze erlauben. Ein häufiges Beispiel hierfür ist die Kleinhirn-Ataxie. Somit ist es wichtig, eine ausreichend differenzierte Diagnose zu stellen, die es ermöglicht, den Katzenhalter über den Verlauf, die Prognose und entsprechende Therapiemöglichkeiten der auslösenden Erkrankung zu beraten.

Dann gleich noch der Hinweis: Bei liebevoller, artgerechter und möglichst stressfreier Haltung leiden Ataxiekatzen nicht! Die Vermutung liegt nahe, dass sie es auch gar nicht wahrnehmen, anders oder gar krank zu sein. Mit einigen wenigen Einschränkungen können sie ebenfalls ein erfülltes, glückliches und langes Leben haben.

Also bitte: Nicht einfach einschläfern! Solltest du eine Ataxie-Katze haben und im schlimmsten Fall nicht mit ihr klarkommen, gib sie bitte in einem guten Tierheim ab oder setz dich einfach mit uns in Verbindung. Zusammen finden wir bestimmt eine gute Lösung!

Leider kennen noch viel zu wenige Menschen die Ataxie und gehen von schwerwiegenden, ansteckenden Krankheiten aus. Wie bereits erwähnt, werden die vermeintlich schwerkranken Katzen bereits als kleine Babys oder Kinder „erlöst". Dabei verbessern sich viele Ataxie-Erkrankungen sogar mit zunehmendem Alter und verschlechtern sich nicht weiter.

Das beste Beispiel hierfür ist wieder die Kleinhirnataxie. Es ist vielleicht alles ein bisschen schwieriger für diese Kätzchen, aber leiden tun sie nicht. Das größte Problem ist hier wohl wieder das Empfinden der Menschen, das jedoch oft trügt.

Viele Halter von Ataxie-Katzen bestätigen, dass die Symptome mit der Zeit deutlich zurückgehen. Wenn man jeden Tag ein bisschen mit den Tieren trainiert, hilft ihnen das, ihre Koordination zu verbessern und ihre Muskelkraft zu stärken.

Bei erkrankten Tieren aus dem Tierheim zeigt sich die deutlichste Verbesserung beim Einzug ins eigene Zuhause. Ich denke der sehr viel größere Platz, die individuelle Betreuung und vor allem viel Liebe und Zuneigung durch die Halter machen hier einen ganz ganzgroßen Teil aus.

Aus dem Humanbereich weiß man, dass das Gehirn Funktionen von Teilen, die fehlen oder nicht richtig funktionieren, übernehmen kann. So ist es auch bei Tieren. Durch die richtige Förderung können also fehlende Fähigkeiten gut kompensiert werden.

Sollte sich der Zustand dennoch verschlimmern, liegt das häufig an anderen Erkrankungen, die hinzukommen und nicht an der Ataxie selbst. Man sollte jedoch beachten, dass Ataxie-Symptome auch bei anderen, schwerwiegenden Erkrankungen des zentralen Nervensystems auftreten können. Das sollte auf jeden Fall tierärztlich abgeklärt werden.

Besondere Risiken

Leider haben auch viele Tierärzte keine große Erfahrung mit der Ataxie bzw. mit der Prognose des Verlaufes. Hier hilft es sich vorher schon ausreichend selbst zu informieren.

Impfprobleme
Das Thema impfen ist ja unglaublich umstritten und jeder Halter muss für sich und sein Tier hier selbst entscheiden, welchen Weg er gehen will. Jeder muss individuell entscheiden gegen was und wie oft er sein Tier impfen lassen will. Man sollte sich über dieses Thema jedoch unbedingt ausreichend informieren. Der Kobold kann hierzu ein sehr gutes Buch empfehlen: „Katzen impfen mit Verstand" von Monika Peichl (ISBN-13: 978-3-981-12592-4), das gibt es auch für Hunde und für Kleintiere.

Die Angaben und Empfehlungen von Pharmaindustrie und Ärzten unterscheiden sich zum Teil gravierend und auch innerhalb der Ärzteschaft gibt es viele verschiedene Meinungen und Aussagen.

Bei Ataxie-Katzen muss man beachten, dass auch Impfungen mit größeren Risiken einhergehen. Unter anderem liegt das daran, dass sie oft ein schwächeres Immunsystem haben, als gesunde Tiere. Impfungen können daher häufig eine Krankheit erst verursachen oder Ataxie-Symptome verstärken.

Um die Impfstoffe haltbar zu machen oder ihre Wirkung zu erhöhen werden ihnen chemische Zusatzstoffe, auch Adjuvantien genannt, zugesetzt. Diese sind häufig sehr giftig und verursachen nachweislich deutliche Schäden im Nervensystem. Das ist für Ataxie-Betroffenen natürlich eine sehr folgenschwere Nebenwirkung, da das Nervensystem ja ohnehin schon angegriffen ist.

Es gibt auch Impfstoffe, die frei von Adjuvantien sind. Blöderweise haben die meisten Tierärzte diese nicht vorrätig, sondern nur die Standard-Impfstoffe. Andere müssten auf Kosten des Tierhalters extra bestellt werden. Aber vielleicht kann man sich hier als Patient mit anderen für eine Bestellung zusammentun.

Die Tollwutimpfung gibt es leider nicht ohne Adjuvantien und man sollte überlegen, ob es nötig ist, sein Tier hiergegen zu impfen. Diese Überlegungen sollte man aber nicht leichtfertig anstellen. Ende 2014 - Anfang 2015 gab es ja leider wieder Tollwutfälle in Deutschland, die vom Ausland eingeschleppt wurden. Und falls auch nur der Verdacht auf Tollwut besteht und ein Tier jemanden beißt, muss es eingeschläfert werden. Die Krankheit kann man, wenn sie einmal ausgebrochen ist, nicht mehr aufhalten. Also, hier beide Seiten genau abwägen.

Grundsätzlich sollte man bei Katzen vielleicht auch mit seinem Tierarzt sprechen, ob Impfungen nicht grundsätzlich in den Oberschenkel gegeben werden. Denn bei ihnen treten relativ häufig die sogenannten Impfsarkome auf. Das sind bösartige Schwellungen bzw. Geschwüre, die durch Impfungen bzw. deren Adjuvantien verursacht werden und für gewöhnlich an der Injektionsstelle auftreten. Im allerschlimmsten Fall könnte man hier das Beinchen amputieren. Am Nacken hat man diese Möglichkeit natürlich nicht.

Narkoserisiko

Insbesondere Narkosen sind für Ataxie-Katzen mit einem höheren Risiko verbunden. Es ist möglich, dass sich die Krankheitssymptome nach einer Narkose erheblich verschlimmern oder andere neurologische Störungen hinzukommen. Hier könnte man gegebenenfalls auf eine Inhalations-Narkose ausweichen, falls das möglich ist. Diese wirkt etwas sanfter, lässt sich individueller dosieren und kann, wenn nötig, auch schneller abgebrochen werden.

Kastration trotz Narkoserisiko

Wer sich etwas mit dem Tierschutz beschäftigt und eine Katze hat, die Freigänger ist, wird wissen, wie notwendig es ist, seine Katze zu kastrieren. Wenn man dies nicht machen lässt, vermehren sich die Katzen unkontrolliert. Da die Kätzchen dann oft nicht ausreichend versorgt werden können, gehen viele von ihnen elendig zu Grunde. Häufig sterben sie an den Folgen des Katzenschnupfens, was wirklich ganz schlimm mit anzusehen ist, denn fortgeschritten ist das eine ganz fürchterliche Krankheit. Wenn diesen Kätzchen, fall sie überhaupt rechtzeitig gefunden werden, nur ein Auge rausgenommen werden muss, haben sie noch Glück. Denn der Schnupfen greift die Augen und Atmungsorgane stark an. Ataxie-Kater können sich in der Regel nicht unkontrolliert vermehren, da sie ja ohnehin keinen uneingeschränkten Freigang bekommen sollten. Und wenn es doch einmal soweit kommen sollte, hapert es wahrscheinlich mit der Ausführung – hihi. Hier wird wohl eher ein problematisches Verhalten der Auslöser zur Kastration sein. Viele unkastrierte Kater neigen ja dazu unsauber zu werden oder zu Markieren. Sollte das auf Dauer zum Problem werden, kann man sich den Schritt zur Kastration überlegen. Auch bei bestimmten Krankheiten kann eine Kastration sinnvoll sein. Am Besten auch hier mit dem Tierarzt Ihres Vertrauens sprechen und sich beraten lassen, wie man das Risiko minimieren kann.

Die Haltung von Katzen mit einer Ataxie

Das Einzige, was es bei der Haltung von Ataxie-Katzen zu beachten gibt, ist, dass ihnen im eigenen Haushalt nichts passieren kann. Je nachdem wie stark die Ataxie ausgeprägt ist, muss man das ein oder andere beachten, damit sie sich nicht verletzten können.

Wohnungseinrichtung

Bei der Einrichtung und Sicherung der Wohnung muss man, wie oben erwähnt, darauf achten, wie stark die jeweilige Ataxie ausgeprägt ist. Danach sollte die individuelle Anpassung erfolgen.

Viele Betroffene haben beispielsweise Probleme mit dem Treppensteigen. Manche können es gar nicht und stolpern schon bei ein oder zwei Stufen. Auch wenn sie zu steil oder zu lang sind, besteht die Gefahr, hinunter zu fallen und sich zu verletzen. Grundsätzlich sollte man darauf achten, dass die Tiere nirgendwo recht hoch klettern und dann durch das fehlende Gleichgewicht abstürzen können.

Der Kratzbaum solle auch nicht leicht umfallen können oder am Besten noch an der Wand gesichert werden, da viele Ataxie-Katzen sich beim Krallenwetzen regelrecht dranhängen – ich mach das zumindest - und doch eine ganz schöne Kraft haben.

Für einen rutschfesten Untergrund sind Ataxisten sehr dankbar. Ich tu mich zum Beispiel auf unserem glatten Laminatboden schon etwas schwer. Auf der anderen Seite ist es wohl auch nicht das schlechteste Training für mich, aber ich hab ja keine zu stark ausgeprägten Symptome.

Für den Gang zum stillen Örtchen hat es sich bewährt, wenn die Ataxie-Katzen etwas mehr Platz und gegebenenfalls eine Gelegenheit zum Anlehnen haben. Ich habe gehört, viele haben zum Beispiel ein die Plastikwanne von einem Hundekörbchen zum Klo umfunktioniert. Damit lässt sich ein besonders niedriger Einstieg schaffen, den kann man einfach selber rein schneiden. Sollte eine Katze beim Toilettengang Probleme haben, muss man halt das ein oder andere Mal beim Saubermachen helfen. Einfach ab und zu das Fell kontrollieren, die Pfoten oder das Popöchen ein bisschen abwischen und gut.

Eine Hilfe beim Fressen und Trinken ist es für viele, wenn die Näpfe etwas erhöht werden. Denn oft macht es Probleme, den Kopf ohne wackeln bis zum Boden runter zu beugen. Ein kleines Podest wird hier zum Beispiel dankend angenommen.

Zusammenleben mit anderen Katzen

Auch Katzen lernen gegenseitig von sich und bringen sich Sachen bei. Das Spielen und Toben mit anderen Katzen kann sich sehr positiv auf die Krankheit auswirken.

Der Kobold hat jedoch auch schon öfter gehört, dass Ataxie-Katzen von ihren gesunden Genossen oft nicht akzeptiert werden, da diese merken, dass sie nicht ganz so „normal" sind. Ggf. werden sie dann angegriffen und gejagt. Bei mir war das auch so. In meinem Hotel früher hatte ich irgendwann auch ein Einzelzimmer. Ich hab mich nämlich vor den anderen so gefürchtet, dass ich ständig geschrien habe.

Es gibt aber natürlich auch viele Fälle, wo es sehr schön funktioniert. Viele Ataxie-Katzen verstehen sich gut mit gesunden Artgenossen, genießen deren Nähe und schmusen viel. Hier muss man in jedem Fall individuell abwägen inwieweit ein Zusammenleben möglich ist.

Ich für meinen Teil genieße die ungeteilte Aufmerksamkeit vom Ferkel und vom Kobold jedenfalls und bin sehr gerne der verhätschelte Einzelprinz, der ich bin - jawohl.

Eingeschränkter Freilauf

Freigang ist etwas sehr schönes und gesundes für Katzen und sie sollten den auch wenn möglich unbedingt bekommen. Ataxie-Katzen sollten jedoch nicht ungesicherten und uneingeschränkten Freilauf draußen bekommen.

Zum Einen könnten sie sich nicht helfen, wenn sie in einen Kampf mit anderen Katzen verwickelt werden, da sie ja hier wegen ihrer Koordinationsprobleme deutlich benachteiligt sind. Dann stellt zum Beispiel der Straßenverkehr ein großes Hindernis dar. Wie wir bereits gelernt haben, können sie ja Entfernungen und Geschwindigkeiten nicht richtig einschätzen. Daher wären Autos eine sehr ernst zu nehmende Gefahr. Außerdem besteht ein großes Krankheitsrisiko, wegen ihres geschwächten Immunsystems stecken sie sich womöglich sehr viel leichter mit Krankheiten an. Daneben bestehen dann noch Risiken, wie irgendwo hinunter zu stürzen oder sich anderweitig zu verletzen.

Hier bietet es sich an den eigenen Garten so zu sichern, das erkrankte Tiere nicht ausbüchsen können. Sie haben dennoch ihren Freigang, können in der Sonne liegen und andere Tiere beobachten. Aber die oben genannten Risiken sind größtenteils ausgeschlossen.

Schlusswort

So, damit wären wir schon am Ende von meinem schönen, allerersten Miezel-Buch. Ich hoffe du hattest ein bisschen Spaß beim Lesen und siehst behinderte Tiere und v. a. Wackelkatzen jetzt vielleicht mit einem etwas anderen Blick.

Ich hoffe auch, wir konnten dir das Grundlegende über das Krankheitsbild der Ataxie näher bringen und zeigen, dass diese Tiere gar nicht so anders sind. Sie haben eine ungeheure Lebensfreude und so viel zu geben.

Wir würden uns sehr freuen, wenn du unser Büchlein und unsere Website deinen Freunden und Bekannten weiterempfiehlst und ihnen von meiner Krankheit erzählst. Denn umso mehr Leute über die Ataxie informiert werden, desto mehr Wackelkatzen können wir damit vielleicht helfen.

Vielen Dank für dein Interesse und deine
Mithilfe!!! =)

Danksagung

Zu aller erst gilt mein Dank natürlich dem Ferkel und dem Kobold, die mir mein zu Hause gegeben haben. Die mich jeden Tag viel schmusen und lieb haben, mir Futter und Guttis geben, mich überall schlafen lassen wo ich will und immer für mich da sind. Auch für die vielen Fahrten am Anfang zum Tierarzt – naja, dafür vielleicht weniger – und die besondere Behandlung, die ich im Gegensatz zu meinen gesunden Kollegen brauche ein Dankeschön.

Natürlich auch gleich dem Nachbarn und dem Börni, die immer so toll die Urlaubsvertretung vom Kobold und vom Ferkel übernehmen. Die machen dann bei mir sauber, richten mein Essen her, lassen mich in den Garten und streicheln mich.

Und auch dem Didi, der Ferkels-Mama und der Ferkels-Schwester für diverse Vertretungsarbeiten und Streicheleinheiten.

Ich möchte auch dem Team vom Tierheim danke sagen. Dafür, dass sie sich in meinem Hotel so gut um mich gekümmert haben und keins der Tiere aufgeben, das zu ihnen kommt. Auch wenn sie nicht so normal und gesund sind, wie andere, werden sie gepflegt und bekommen besondere Aufmerksamkeit, wenn sie sie benötigen. Und das ist nicht immer leicht, das sag ich euch. Ihre Geduld mit vielen Zweibeinern möchte ich hier auch noch erwähnen, denn die sind oft gar nicht nett. Weder zu uns, noch zu euch Menschen. Und da sind Sachen dabei, die würdet ihr echt nicht glauben, wenn ich sie euch erzähle.

Der Dame, die in meinem Hotelzimmer mit mir geübt und mich oft besucht hat möchte ich auch herzlich danken. Und dafür, dass sie einfach so für viele meiner Arztbesuche aufgekommen ist. Stellvertretend für alle meine Tierfreunde, für die sie sich bisher immer so engagiert eingesetzt hat, möchte ich auch danke sagen.

Meine tolle Tierärztin, die erst sanfte und nichtchemische Möglichkeiten für mich ausschöpft, bevor sie mir sonst was gibt, soll hiermit ebenfalls meinen Dank erhalten. Und alle anderen Tierärzte, die meine kranken Kollegen gewissenhaft versorgen, natürlich auch.

Einen ganz besonderen Dank möchte ich noch allen lieben Menschen auf der Welt aussprechen, die sich um kranke, behinderte oder eben bedürftige Tiere kümmern. Auch wenn das nicht immer spürbar ist und ihr manchmal an eure Grenzen stoßt, wissen wir eure Hilfe und Zuwendung zu schätzen. Solche Taten ehren euch Menschen sehr und das werden wir euch nicht vergessen!

Danksagung vom Kobold

Zu erst: Es ist sehr nett vom Miezel, dass er mich nun auch mal wieder zu Wort kommen lässt =)

Wie der Miezel hoffe auch ich, dass dir dieses kleine Büchlein gefallen hat und du etwas Freude beim Lesen hattest. Das Wichtigste wurde gesagt, denke ich. Und die lustigsten Miezel-Geschichten bis jetzt waren auch dabei.

Vielleicht gibt es denjenigen unter euch, die selbst eine kranke Katze zu Hause haben, etwas Mut so weiter zu machen. Oder der Ein oder Andere sieht behinderte Tiere jetzt mit etwas anderen Augen und weiß, dass man auch mit ihnen unbeschreiblich viel Freude haben kann. Ihr Leben ist fast, wie das ihrer gesunden Artgenossen. Sie kennen es ja nicht anders und merken selbst oft nicht, dass etwas an ihnen anders ist. Nicht alle Tiere, denen ein Bein fehlt, die taub oder blind sind, Epilepsie oder Ataxien haben oder eben einfach nicht so normal sind wie andere, verdienen es eingeschläfert zu werden. Man kann heute bereits so viel für sie tun, sodass ihr Leben in vielen Fällen nahezu symptomfrei verläuft. Sie können so viel geben und haben einen Riesenspaß am Leben. Das zeigt uns unser Miezel jeden Tag aufs Neue.

Mein Dank gilt dem Miezel, ohne den es dieses Büchlein schon mal gar nicht gäbe. Vor allem dafür, dass ich durch ihn eigentlich erst auf meinen Weg zur Tierhomöopathin gekommen bin. Ich habe seitdem unglaublich viel gelernt und auch in meiner persönlichen Entwicklung ist sehr viel passiert.

Und natürlich möchte ich mich auch beim Ferkel bedanken, der weiß schon warum. Naja, wahrscheinlich wieder nicht, weil er da ein typischer Mann ist und nichts merkt, was man ihm nicht ausdrücklich sagt. Hihi ;P

Und auch der Kobolds-Mama ein großes Dankeschön, dass sie mich finanziell so oft unterstützt hat. Und anderweitig sowieso =)

Einen guten Spruch möchte ich zum Abschluss noch anfügen. Den habe ich auf www.rettet-das-huhn.de gefunden:

Ein Tier zu retten verändert nicht die ganze Welt – aber die ganze Welt verändert sich für dieses eine Tier.
(Verfasser unbekannt)

Den finde ich unglaublich schön und er passt gut hierher. Auch kleine Gesten können schon viel für ein Lebewesen bedeuten. Und oft sind schon Gedanken dazu fähig durch kleine Kettenreaktionen am Ende Großes zu bewirken, auch wenn man es nicht gleich merkt.

In diesem Sinne, hör nicht auf nachzudenken und etwas verändern zu wollen! Hinterfrage viel und mach nicht alles mit, nur weil es alle machen oder schon immer so gemacht haben. Denn ein anderer Spruch sagt: „Alle sagten das geht nicht, dann kam einer, der wusste das nicht und hat´s einfach gemacht".

Danke, dass du dieses Büchlein gelesen hast =)